KLAUS SCHAMBERGER · ICH BITTE UM MILDE
Band I + II

W0065226

KLAUS SCHAMBERGER

Ich bitte um Milde

Band I + II

104 ausgewählte Gerichtsglossen aus dem Acht-Uhr-Blatt/Abendzeitung
illustriert von Heinz Adolf Böhm und Erwin Reis,
erschienen im Sigena-Verlag
Klaus Schamberger
90530 Wendelstein bei Nürnberg, Kastanienstraße 6

© Copyright by Klaus Schamberger
3. Auflage 1995
Veröffentlichungen, auch auszugsweise, nur mit Genehmigung des Verlages
Layout: Klaus Zeilein
Umschlagentwurf: Heinz Adolf Böhm
Anzeigengestaltung: Günter Rezab
Gesamtherstellung: W. Tümmels Buchdruckerei und Verlag GmbH, Nürnberg
Schrift: Borgis Garamond

ISBN 3-9802391-0-1

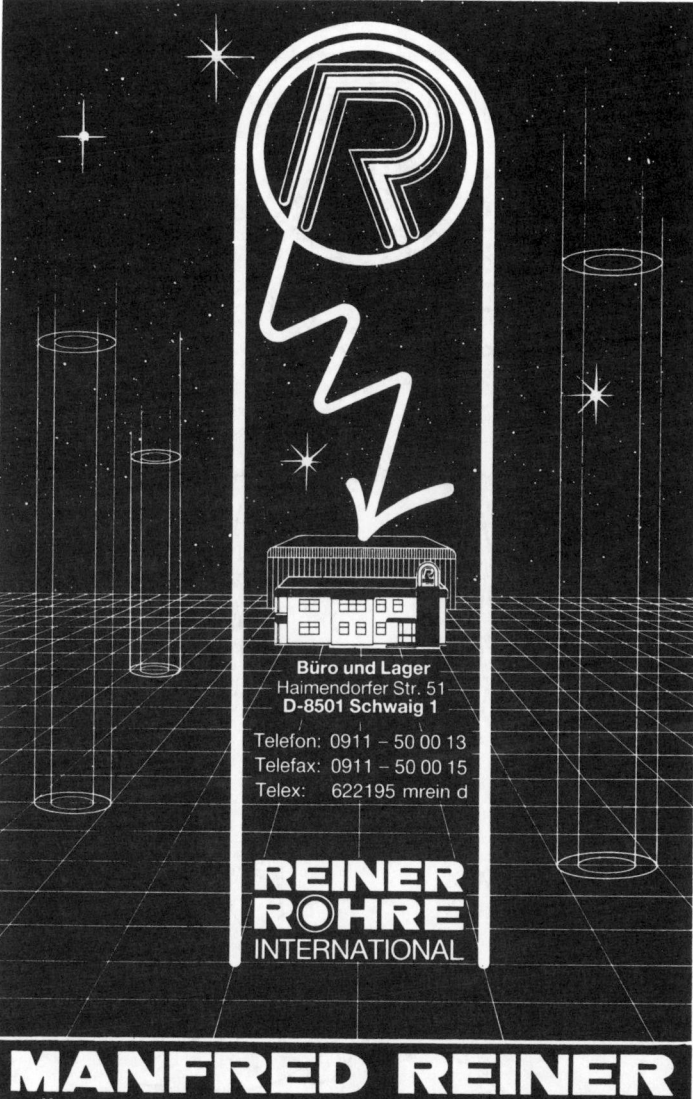

Die Märchenstunde am Präsidium

„Aafmachn, Alarm", schrie die doppelzentrige Hildegard im Morgengrauen vor dem verschlafenen Revier, daß dem Wachleiter beinahe der letzte Schluck Kaffee wieder in die Thermosflasche gefallen wäre. Dann rumpelte sie mit einem Bündel unterm Arm, das sich später bei der Vernehmung als ihr Ehemann herausstellte, durch die polizeiliche Pforte, forderte die Wiedereinführung der Todesstrafe und war der Meinung, daß die Gastarbeiter an allem schuld sind.

Der Kurt, ihr um ein paar Nummern zu kurz geratener Gemahl, lehnte derweil an der Theke und machte gar keinen guten Eindruck: das Freizeithemd zerrissen, das linke Auge geschwollen und auf dem Hirn ein Horn, daß man den Kurt als Wahrzeichen vor die Hauptpost hätte stellen können. Leicht lallend und mit einem Atemausstoß, der ein größeres Dornkaat-Lager im Magen vermuten ließ, gab der Kurt seine wilde Geschichte zu Protokoll.

Zwei Italiener, das hätte man später an dem Messer erkennen können, seien es gewesen. „Zerscht homs mi mit Schnaps vullbumbt und wäi mer dann hammganga sin, hout mi anner aff die Lichter naafghaut, der ander is mit an Drumm Säbel vuur mir gschtandn und hout gsacht ‚Geld raus‘.“

Die Hildegard stützte den Kurt im Kreuz: „Tausend Mark hout er derbei ghabt, mei Alter, wall mer uns a Auto kaafn wolltn.“

Ob er sich die zwei nicht in der Kneipe genauer angeschaut hätte? „Naa, wall dou hob i doch nu ni gwißt, daß mi däi iiberfalln wolln.“

Sechs Wochen später war die Gerichtsverhandlung. Auf der Anklagebank saßen allerdings nicht zwei kleine Italiener, sondern der noch viel kleinere Kurt. Wegen „Vortäuschung einer Straftat“ hieß es in der Einladung zum Amtsgericht.

Die tausend Mark waren nicht geraubt, sondern versoffen. Einen Teil davon hatte der Kurt außerdem der Miß Frauentormauer abliefern müssen für ein halbes Schäferstündchen, so daß bei der Bilanz für den Gebrauchtwagen nur noch 55 Pfennig übrig blieben.

Hinzu kommt jetzt noch die Geldstrafe von 500 Mark für die nächtliche Märchenstunde bei der Polizei und die furchtbare Rache der Hildegard.

Der fotografierte Kaktus

Wie der Max am Aschermittwoch mit wackligen Knien und einem leichten Summen um die Schläfen seine Wohnung verlassen wollte, hätte ihn um ein Haar der Rochus geholt. „Als Hausbesitzer", entrüstete er sich beim hohen Gericht, „moußter scho vill gfalln loun, obber suu a Sauerei is mer in mein Leem nunni bassierd. Genau vuur di Diir hii affn Abschdreifer. An Schridd, wenni nu mehr gmacht hätt, wär i vull neigschdiing."

Als mutmaßlicher Produzent des anrüchigen Riesengebirges, das man dem Max in der Nacht vor die Wohnung gesetzt hatte, stand der Heiner vom ersten Stock recht verlegen vor seinem Richter und beteuerte seine Unschuld. „Allerwall is ba uns nu asu", sagte er, „daß mer zon Sch ..., also wemmer mäin, daß mer dou am Abbodd genner und net ins Dreppnhaus."

Allerdings hatte der Herr Hausbesitzer von dem Corpus delicti ein tiefenscharfes Porträt fotografiert, auf dem man auch einwandfrei den handgeschriebenen Zettel mit der Aufschrift „Das ist für die Miederhöhung, du Halsapschneider" erkennen konnte. Und bei einer Schriftprobe sind dem Heiner leider die gleichen orthographischen Fehlleistungen passiert wie auf dem Drohbrief.

Ob der Max, wollte der Herr Rat wissen, die Miete in dieser Zeit denn tatsächlich erhöht hätte. „Des kommer soong", antwortete für ihn der Angeklagte, „vo hundertzwanzg Mark fiir unsern Hennerschdall is aff amol aff hundertachzg Mark gschdiing. Wall alles deierer werd, hotter gsacht, mouß er aa a weng mehr verlanger. A Halsabschneider is des."

Das hätte er nicht sagen sollen. „Wenn Sie sich sechs Wochen danach noch so aufregen", folgerte der Staatsanwalt, „dann ist es leicht denkbar, daß Sie damals noch viel mehr in Rage waren, und dann sind Sie auch für die Exkremente verantwortlich."

Der Heiner wehrte sich energisch: „Vo Raache koo ibberhabbds ka Red sei, i hob hexdns a gscheide Wout ghabt, und mit Exgremende hobbi scho glei gor nix zon dou. Des wär ja es Allerneieste."

Aber so sehr der Heiner auch beweisen wollte, daß da vielleicht ein geheimnisvoller Unbekannter am niederträchtigen Werk gewesen ist oder unter Umständen auch der Hund vom Hausherrn – es gelang ihm nicht. Erstens, sagte der Herr Rat, sei ihm nicht bekannt, daß Hunde schreiben können, zweitens sprächen alle Indizien gegen ihn, und drittens koste es wegen groben Unfugs einhundertfünfzig Deutsche Mark. Zahlbar in drei Monatsraten. „Und däi zwanzg Mark", frohlockte der Max nach seinem Sieg, „wou i der Butzfrau als Sonderbrämie fiirn Abdransbord geem hob mäin, däi zohlst mer aa nu."

Kam ein Backstein geflogen …

Auf dem glattgebohnerten Tisch der Gerechtigkeit lag ein Stein. Zwei Zentimeter hoch, zwanzig Zentimeter lang und zehn Zentimeter breit. Wo er, wollte der Herr Rat wissen, früh um drei mitten in der Stadt das monströse Wurfgeschoß hergehabt habe. „Ban Schockn wer ihn kafft hohm", sagte der Karl, „in der Gartenabteilung. Obber di Quittung hob i verluurn."

Da mischte sich der Herr Staatsanwalt ein und versprach dem Karl, daß er schon eine Quittung haben kann, wenn er sich weiterhin so unflätig benimmt. Der Karl entschuldigte sich und sagte, daß er jetzt gar nichts mehr sagt, weil er erst wissen will, an was sich sein Opfer erinnern kann.

Der Werner wurde aufgerufen, Hausherr vom Karl, wohnhaft im gleichen Mietsilo, nur einen Stock tiefer. „Ich koo manchmal nachts net eischloofn", berichtete der Werner über seine Gewohnheiten nach Mitternacht, „wall ba uns su vill Bsuffne aff der Schdraß randalirn. Und in dera Nacht hout aa anner druntn rum gschria." An das Lied: „Ich hab den Vater Rhein in seinem Bett geseh'n", konnte er sich noch erinnern und daß er inständig gebeten habe, der Sänger solle sein Maul halten.

„Aff amol, Herr Richter, siech i, wäi der aafzäicht und nou ho i scho anne im Gsicht drinna ghabt." Der Richter wundert sich: „Mit der Hand vom Gehsteig bis in den zweiten Stock?" „Naa, mit dem Drumm Backschdaa, der wou dou licht."

Das Ergebnis des nächtlichen Zielwerfens war beeindruckend: Eine leichte Gehirnerschütterung, Nasenbeinbruch und der Verlust von zwei Schneidezähnen. „Des werd scho schdimma", sagte der Karl, „wall des hout nern der Doktor ja schriftlich gebn. Obber sunst schdimmt ibberhabbts nix."

Das Lied vom Vater Rhein kennt er gar nicht, sondern er, der Karl, hat in den dritten Stock hinaufgeschrien, daß ihn seine Alte reinlassen soll, weil er ins Bett will. Die Schlüssel hat er vergessen gehabt in der Nacht und die Frau Gemahlin hat weder sein Flehen noch sein Klingeln gehört und da hat er es mit dem Stein probiert. „Unsern Hausherrn hob i gor net sehng kenna, wall der im Finstern hintern Fenster gschtandn is. Ich wollt den Schdaa an unser Schloofzimmer hiischmeißn. Obber ich bin halt aa nimmer der Jüngste und nou hob i ihn halt blouß bis in zweitn Schdock bracht."

Der Pflastersteinschmeißer wurde freigesprochen.

Die gedüngte Elfriede

Die linden Lüfte waren so halbwegs erwacht, der Bodenfrost hatte sich verabschiedet, Star und Schnepfe waren vom Winterurlaub aus Teneriffa zurück und Zitronenfalter probten erste Flug- und Befruchtungsversuche. Mitten in der Waldrandidylle lagen der Rudi und die Elfriede und trugen ihren Teil zum Frühling bei.

„Des wor", erinnerte sich der Knoblauchsbauer vor Gericht, „aff Deitsch gsacht, a Sauerei. Halmi nackert worn däi – i wär vuur lauter Hiischaua bal aus mein Traktor rausgfluung." Hinten am Traktor hatte der

Anton den Odelwagen hängen. „Koo scho sei", räumte Landwirt Anton ein, "daß i dou a weng knapp an denna vorbei gfohrn bin."

So knapp, daß dem Rudi und der Elfriede die Lust an der Liebe verging. Vor allem die Elfriede konnte sich an die Fahrkünste des Odel-Chauffeurs noch ganz genau erinnern: „Der is mit seiner Scheesn über unser Deckn grauscht, daß mer ganz Angst worn is. Und wäi er es zweite Mal kumma is, hout er genau ba mir in Schieber vo sein Odlfaß aafgmacht." Und dann soll sich über die Elfriede ergossen haben, was an sich für die Wintersaat gedacht war.

Da half kein Intim-Spray und auch nicht die Waldluft – die Elfriede roch noch am Abend, als sei sie die beste Kuh beim Anton im Stall. Der Anton bestritt das Ziel-Odeln energisch: „Mit kan Tröpfla hob i däi Wachtl derwischt und außerdem hob i zwaamol gsacht, daß si si dou verzäing solln. Erschtens wecher der Sittlichkeit und zweitns wall des mei Wiesn is."

Die Aktion „Sauberer Waldrand" jedenfalls war erfolgreich: Das stark anrüchige Liebespaar verzog sich auf Schleichwegen heimwärts. Zurück blieb ein nicht mehr gebrauchsfähiges Höschen, der ebenfalls betroffene Büstenhalter von der Elfriede und eine Anzeige gegen Anton wegen ziemlich groben Unfugs.

Ganz klar wurde sich der Amtsrichter auch nach längerer Beratung nicht, ob der Anton den Toilettenartikel absichtlich in die Waldeslust laufen ließ, deswegen wurde der Sittenwächter freigesprochen. „Zuschtänd wäi im Dreißigjährigen Gräich", begehrte der historisch beschlagene Rudi auf und verließ mit seiner gedüngten Elfriede beleidigt den Saal.

Der Polier im Einweck-Eimer

Der Paul war ein Polier, so recht nach altüberlieferter Arbeitgeberart. Vesper und Mittagspause seiner untergeordneten Backstein-Schlichter pflegte er mit dem Sekundenzeiger zu messen, der Bierkonsum war rationalisiert wie in der Zeit der Währungsreform und bei Lehrlingen soll der rauhe und wenig herzliche Vorarbeiter seine pädagogischen Bemühungen mit gelegentlichen Watschn unterstrichen haben.

Beim Richtfest sind sich die Galeeren-Maurer einig gewesen, daß der Paul für ein internes Femegericht reif ist. Das interessanteste Strafmaß war von einem Stift im zweiten Lehrjahr gekommen. „Erscht mach mern bsuffa", schlug er vor, „und dann betonieren mer unsern Bolier halt zou."

Beim Lobgedicht vom dienstältesten Zimmermann auf den Bauherrn ist der Paul programmgemäß volltrunken unter den Richtfeier-Honoratioren umeinandergetorkelt und hat den Architekten und die Frau vom Installateur zum Weiterarbeiten aufgefordert, weil er ihnen sonst eine Stunde vom Lohn abziehen muß. Zehn Minuten später lag der grimmige Polier – außen blaß wie der Tod von Forchheim und innen blau wie der Frühlingshimmel – unter dem Betonmischer.

„Wäi i aafgwacht bin", erinnerte sich der Kollegenschinder vor Gericht, „hob i erscht gmaant, daß meine Fäiß ambudiert worn sin, wall is nimmer gsehng hob." Nach längerer Orientierung beinabwärts erst stellte der Paul fest, daß hier nicht der Chirurg, sondern ein Facharbeiter vom Bau am Werk gewesen ist. Beide Beine waren bis kurz unterhalb vom Knie in je einem Blecheimer einbetoniert. „Es wor", jammerte der Paul, „wäi ba aan Schdehaufmännla, blouß andersch rum, wall wenni halmi in der Häich wor, hot's mi jeds Mol widder hiighaut."

Ausgerechnet der Willi, der seinen Kollegen im Einweck-Eimer mit ein paar schmerzhaften Hammerschlägen von seinem Fußgefängnis wieder befreit hatte, stand jetzt wegen Körperverletzung vor der hohen Gerichtsbarkeit. Ob er, der Paul, denn gesehen hätte, wer der Anführer von dem Beton-Attentat war? „Des net", räumte der Paul ein, „obber des mouß der Willi gwesn sei, wall der scho immer di greßt Schlebbern ghabt hot, wenn's gecher miich ganger is, und befreit hotter mi aa blouß, wall er wohrscheins a schlechts Gwissn ghabt hot."

Als Beweismittel langten die mickrigen Mutmaßungen vom Paul leider nicht aus und der Willi wurde freigesprochen.

Der Franz, der aus der Kälte kam

Eigentlich hat der Franz in seiner glasweisen Aus-schankhalle um zehn Uhr polizeilich vorgeschriebenen Feierabend. Aber weil gelegentliche Zuwiderhandlungen gegen den amtlichen Zapfenstreich die Stimmung und den Umsatz heben, ist es schon vorgekommen, daß zwei oder drei Profi-Torkler die kleine Whiskothek erst in den frühen Morgenstunden verlassen haben. Der lange Samstag aber, der beim Herrn Amtsgerichtsrat im schwarzen Buch stand, wurde ungewollt zum Sonntag-vormittag.

„Männer von Galiläa", hat der bibelfeste Stehbier-Chef zu seinen zwei letzten Kunden damals gesagt, „etz back mers. Jeder nu a Schnäbsla und nou zäicht'er sich." Doch die zwei Spätheimkehrer reagierten nur wenig christlich. Daß er das Maul halten soll, haben sie dem Franz beschieden, wenn ihm sein Leben lieb ist, daß sie gehen, wenn sie ihre Runde Sechsundsechzig fertig gekartelt haben und daß er die Luft in ihren Gläsern noch einmal verdrängen soll.

Um zwei Uhr, als die beiden beim Rot-Assen gerade in die entscheidende Phase gingen, probierte der ein letztes Wort zum Sonntag. „Gouder Gott", hat er gefleht, „des hot doch alles kann Sinn. Wenn di Schmier kummt, mäißt ihr Schdroof zohln und mei Konzession is bam Deifl." Damit hatte er die zart besaiteten Nervenstränge der zwei Kartenleger entscheidend strapaziert.

Während der eine dem schläfrigen Wirt noch einmal die Dringlichkeit der Partie Sechsundsechzig auseinandersetzte, machte der andere im brauereieigenen Gefrierschrank ein Plätzchen frei. „Su schnell hob i gornet gschaut", erinnerte sich der Franz, „dou bin i scho im Eisschrank drinner ghockt und di Diir wor zoughaut." Undeutlich hörte er noch, daß bei der nächsten Runde eine Flasche Kognak auf dem Spiel steht, dann übermannte ihn der Schlaf und die sibirische Kälte im Frigidaire-Exil.

„Um vierer rum werds gween sei", gab der tiefgekühlte Gastwirt zu Protokoll, „dou homs mi widder rausglassn, hom ihr Zeich zohlt und sin ganger. Meine zwaa Ohrläbbler worn erfruurn und an di Zeher hob i Frostbeuln, daß i meine Schou etz immer zwaa Nummern gresser kaafn mouß."

An den Kartelabend werden die beiden privaten Gefängniswärter noch länger denken: Je sechshundert Mark wurden vom hohen Gericht ausgeschüttet wegen groben Unfugs und vom Wirt ein Lokalverbot auf Widerruf.

WAS IS DES?

1. A Lebbkougn mid Löcha drin zum Brodworschd naischdeggn
2. A eigschnabbds Maikäferla mid Sinn fär Oddnung
3. A Schallbladdn zum Verrüggdwern, wall's eierd
4. A Knuupf! Vou da, wous die haasn Huusn ham und alles andre a:

DAS HAUS DER MARKENKLEIDUNG

Eine Portion
Hintern vom Grill

Ob er sich nicht hinsetzen will, hat der Herr Amtsgerichtsrat den Zeugen gefragt, weil der Willi wie der Urgroßvater vom Methusalem durch den Saal gehumpelt ist und bei jedem Schritt die Mundwinkel bis zum Anschlag verzogen hat. „Naa", winkte der leidende Willi ab, „des gäiht net. Hexdns am Bauch kennter mi hii leeng. Obber bis mei Hintern widder in Ordnung is, dauerds nu värza Dooch, hod der Dogder gsachd."

Schuld am stark beschädigten Sitzfleisch vom Willi war der Rudolf und ein Alkoholspiegel seinerzeit, bei dem man sich wundern hat müssen, daß die Schnapsversorgung der Innenstadt an dem Abend nicht zusammengebrochen ist. „Ba mir", erklärte der Zapfn-Rudolf auf der Anklagebank, „hodder kann aanzichn Dropfn

drungn. Der is reidorgld kummer, hod si an sein Schdamm-
diisch hiigschmissn und is eigschloufn." Gelegentlich hat
der Willi seine Kommilitonen von der Trinker-Fakultät
mit einem Schluckauf-Solo gestört oder durch penetrante
Schnarch-Einlagen auf seine sonst passive Anwesenheit
aufmerksam gemacht.

Um zwei Uhr hat der Rudolf verkündet, daß der Zapfhahn Feierabend hat, was aber durch den starken Boden-
nebel gar nicht bis zum Willi durchgedrungen ist. Um
halb drei ist dem Kneipen-Direktor dann eine sehr gute
Idee eingefallen. „In zwaa Minuddn hupft der wäi a
Gaasbuug", prophezeite der Rudolf und stellte unter
dem Stuhl des Senkrecht-Schläfers eine leicht gebrauchte
Kommunionskerze auf.

„I hob doch net dengt", verteidigte er sich jetzt, „daß
der asuu bsuffn wor und net amol gmerkd hod, wäi sei
Hintern es brenner oogfangd hod." Erst kurz bevor der
Herr Nachbar vom Grill fast schon ganz durch war und
ein ganz seltsamer Geruch über dem Stammtisch gelegen
ist, hat ein Kollege vom Willi den Kochkurs abgebrochen.
„Drei Wochn wor i im Krankenhaus", berichtete der verhinderte Schmorbraten dem hohen Gericht, „und wenns
anner net glabbd, konni ja mei Brandwundn amol zeing."
Weil ein ärztliches Attest den Akten beigelegt war,
durfte der Willi die Hosen anlassen. Der Rudolf, der die
Feuerbrunst zutiefst bedauerte, wurde für seinen zündenden Einfall mit einer Geldstrafe von sechshundert
Mark belegt. „Verdroong mer sie", bot er dem Willi nach
dem Urteil an, „kummst heid ohms widder in mei Wert-
schafd."

„Erst im Winter widder", sagte der Willi, „wenns
draußn gscheid kalt is. Wall ba dir is immer su schäi warm
eigschird."

22

Der Vergeltungsschlag

Oberarme hat die Liesel wie ein olympischer Gewichtheber und einen Hubraum in der Bluse, daß die Sophia Loren danebengestellt wie ein hühnerbrüstiger Konfirmand ausschauen würde. Der Rekord der staatlich geprüften Bierkrug-Stemmerin liegt bei vierzehn Maß, sieben in jeder Hand, und dazu noch je drei Laugenbrezen unter den Achseln.

An dem lauen Kirchweih-Abend hatte die Weltmeisterin Nachschub-Schwierigkeiten, weil der Durst im Kastaniengarten die Transport-Kapazität von der Liesel weit übertraf. „Mer hätt maana kenna", teilte sie dem Hohen Gericht mit, „daß di Leit ihr Leber aff Durchzuuch gschdellt hom. Su wäis is Bäir oma nei gschitt hom, is untn widder rauskumma."

Am schlimmsten war es am anderen Ende des Wirtschaftsgartens, wo der Karl unterm Vollmond saß und einen Liter nach dem anderen über den Knorpel schickte. Die Liesel konnte sich an den Schnelltrinker noch gut erinnern: „Wou andere a Maul hom, mäins den irchndwann amol an Müllschlucker eibaut hom. Den hob i is Bäir nunni richti hiigschdellt ghabt, nou hot er scho widder gschria: ‚Hobb, Dickerla, bring mer nu a Mouß, obber a weng schneller wäi sunst.' Nou bin i nerdirli mit der Zeit sauer worn."

Kurz vor Mitternacht schwankte die Welt vom Karl wie bei einem Erdbeben, grün und weiß war er im Gesicht, aber Durst hatte er immer noch. „Hobb, Dickerla", schrie er wie gehabt durch den Garten vor an die Schenke, wo die Liesel in den letzten Zuckungen am Zapfhahn lehnte, „nu a Mouß, obber a weng bletzli."

An viel konnte sich der Karl bei der Verhandlung allerdings nicht mehr erinnern: „I waß blouß nu, daß aff amoul vuur mir gschtandn is wäi der Erzengl Gabriel und schdatt an Schwert houts mindestens zeha vulle Moußkräich in der Händ ghabt." Und wie die Gerstensaft-Ladung genau überm Karl geschwebt ist, hat in den Kranarmen von der Liesel die Kraft nachgelassen: Zehn Liter Kirchweih-Wasser und zehn massive Steingut-Krüge sind auf den Karl aus einem Meter Höhe geprasselt, daß er gedacht hat, er ist die Hauptfigur einer Wurfbude. Nach einer Woche konnte er schon wieder aus dem Krankenhaus entlassen werden und die Liesel hatte ihm sogar Blumen geschickt. Vergißmeinnicht.

Dreihundert Mark Geldstrafe hielt der Herr Rat für den flüssigen Vergeltungsschlag als angemessen und ausreichend. „Hobb, Dickerla", sagte der Karl nach dem Urteil, „gäihst miid, kaaf mer uns a Mäßla."

Der Xaver schickt die Resl aus...

Sektkorken rauschten in den Vorstadthimmel, der formlos gegründete Gesangverein schmetterte einen urgermanischen Folkloresong nach dem anderen, aus der Dunkelheit quietschten bedrängte Damen das hohe C, nur der Xaver wälzte sich eine Hausnummer weiter unruhig in seiner Kemenate und fand das Veranda-Festival vom Nachbarn gar nicht lustig. Es roch nach gegrillten Bratwürsten und nach Stunk.

„Alte", befahl der Schlafgestörte, als auf der Terrasse nebenan offenbar russische Trinksitten eingerissen waren, „etz gäihst niiber und sagst, daß i die Polizei hull, wenn net in fimbf Minuddn a Rouh is."

Folgsam schlich die Therese im Morgenrock bis an die ligusterbewachsene Staatsgrenze und gab die Drohungen ihres Herrn Gemahl schüchtern und aus der Distanz an die feucht-fröhliche Trinkergemeinde weiter. Doch die Resl kam mit ihrer piepsigen Stimme nicht an gegen das „Heute blau und morgen blau und üüüübermorgen wieder". Sie zwängte sich deswegen durch die Hecke, um die Grüße vom Xaver aus allernächster Nähe zu übermitteln.

„Des mäinsersi vuurschdelln, Herr Richter", verteidigte sich der Xaver auf dem Sühnebänkchen, „iich liech in mein Bett, wart auf mei Alte, a värtl Schtund, a halbe Schtund – und um zwölfer rum fanger däi dou driima widder es Singa oo, und dou hob i ganz deitli gheert, daß dou mei Resl miitzwitschert."

Die Resl beteuerte im Zeugenstand, daß sie da völlig unschuldig hineingeschlittert ist: „Iich schdäi vuur denna ihra Veranda und will mei Schbrichla soong. Dou hot mer anner a Glos hiighalten und hot gsacht, i soll saufn und mei Maul halten." Nach dem dritten Glas hatte die Resl die Polizei, die nächtliche Ruhestörung und ihren Xaver vergessen. Bis er plötzlich wie der Erzengel Gabriel aus der Dunkelheit auftauchte.

„Iich hob gmaant", sagte der Xaver, „iich siech net richti. Mei Alte hockt halmi nackert aff di Knäi vo suu an Schiggolo, an drumm Rausch im Gsicht und hout dauernd gschriea, daß nu nie su a schäins Fest miitgmacht hout."

Erst bediente er seine Resl mit zwei gewaltigen Watschen, dann den Witwentröster unter ihr, hob den Getränketisch über die Terrassenmauer und setzte zum Schluß seiner Strafexpedition den Hausherrn auf den noch glühenden Grill.

Eifersucht und Schlaflosigkeit sind eine Sache, meinte der Herr Rat, Bestrafung eine andere, und die liege allein in den Händen der Justiz. Wegen Körperverletzung und Sachbeschädigung gab es für den Xaver sechs Monate mit Bewährung und eine Geldbuße von 300 Mark.

Da ging ein Ruck durch den Tablett-Jongleur

Fast eine Stunde war der Max in dem schattigen Gartenrestaurant gesessen und hatte ganz furchtbare Qualen erleiden müssen. „Suwos", schilderte der frustrierte Feinschmecker dem hohen Gericht, „gibt's aff kann Schiff."

In regelmäßigen Abständen von fünf Minuten hatte der hungrige Otto damals den livrierten Essenholer um die Speisekarte gebeten, aber zum Leidwesen seines ausgemergelten Verdauungssystems immer nur erfahren, daß der Herr Ober keine Zeit hat.

Schweinebraten mit Kloß hat der Tablett-Jongleur am Otto vorbeitransportiert, deftige Kalbshaxn, ein paar Doppelzentner Spargelsalat, Eisbecher und schaumgekrönte Maßkrüge, daß dem unfreiwilligen Hungerkünstler das Wasser vom Mund schon über die Schnurrbartspitzen ins Freie getröpfelt ist. Und immer wenn er mit schüchternem Magenknurren um eine Anhörung gewinselt hat, ist er vom Kellner mit einem stereotypen „I kum glei" vertröstet worden.

Nach einer Stunde vergeblichen Flehens ist der Otto dann leicht vorlaut in die Offensive übergegangen.

„Machst gwiiß", hat er den überlasteten Serviermeister gefragt, „heit a weng Dienst nach Vorschrift?" „Etz kumm i werkli glei", hat der Schweinebraten-Spediteur mit hochrotem Kopf und devotem Augenaufschlag durch einen Wolkenkratzer von Suppentellern signalisiert.

Aber es ist nichts mehr draus geworden, weil das eingetreten ist, was der Otto dem Herrn Amtsgerichtsrat als bedauerliches Versehen schilderte und der Kellner als eine hinterfotzige Attacke auf das Dienstleistungsgewerbe.

„Affn Dabledd", erinnerte sich der Kellner, „worn die Deller dreischdeggich gschlicht, unter die Achsln hob i es Beschdeck droong, in der andern Händ vier Mouß Bier und in der Goschn hob i die Schbeisekartn neiklemmt ghabt." Am Tisch vom Otto war der Packesel schon vorbei, da hat sich ein Spazierstock hinterrücks stahlhart um die Kniescheibe gelegt, ein Ruck ist durch den Oberkellner gegangen und dann ist er flach gelegen. Mit verstauchtem Knöchel, aufgeschürftem Oberschenkel, leichten Verbrennungen im Gesicht von der serbischen Bohnensuppe, Salate der Saison im Haar und einen Pfirsich Melba in der Westentasche.

„Iich wollt nern doch blouß oodibbn mit mein Schbazierschdock", erläuterte der Otto, „und numol wecher meiner Schbeisekartn froong. Obber doch net hiischmeißn."

Der Herr Rat vermutete allerdings doch einen hinterlistigen Racheakt und verordnete im Namen aller gequälten Oberkellner eine Geldstrafe von zweihundert Mark. „Um des Geld", rechnete der Otto nach, „hätti im Grand Hotel fimbf Kellner umernander sausn lassn kenner."

Das blaue Wunder des Apostels

Über den Maßkrügen lag tiefe Ruh, nur die Hausfliege war gelegentlich zu hören bei ihren Rundflügen um den Zapfhahn und der Georg, wenn er alle fünf Minuten mit einem gelungenen Stoßseufzer den Überdruck im Magen und in der Seele gleichzeitig beseitigte. Bis ein zweiter Gast in die schwindsüchtige Randstein-Bar kam, sich genau gegenüber vom Georg niederließ und ein Mineralwasser ohne Geschmack bestellte.

„Wor des scho a Beleidichung, Herr Gerichtsdirekter", sagte der stille Biertrinker auf der Anklagebank, „wäi der mit sein Gesundheitswässerla aff amol Prost zu mir sacht und miich oogrinst hot wäi der Graf Windsheimer berseenli." Es kam aber noch viel schlimmer. Das Bier, dozierte der redselige Gesundheitsapostel, sei die Geisel der Menschheit und außer den zwölf Prozent Stammwürze habe der Braumeister im Himmel auch noch einen ewigen Fluch in den süffigen Hopfenblütentee mit eingebracht. Was man an den zahlreichen Magenschleimhautentzündungen, Darmgeschwüren, Leberverhärtungen und Nierensteinen bei Biertrinkern beobachten könne.

Nach der appetitanregenden Belehrung beschied der Georg seinem Nachbarn, daß er ab sofort das Maul halten soll, widrigenfalls er, der Herr Nachbar, sein blaues Wunder erleben kann. „Ich bin suugor", verteidigte sich der Georg, „ganz ans Fenster nindergrutscht, obber der Hirnheiner hot sei Schbrudlfläschla gnummer und is aa mit hinter grutscht."

In der zweiten Lektion seiner Gastvorlesung wies der Bierverächter auf die Gefahren der Dickleibigkeit hin, die auch im Gerstensaft ihren Ursprung habe, und bot dann zum Schluß seiner interessanten Ausführungen dem Georg einen Schluck von seinem Abstinenzler-Sekt an. Das hätte er nicht tun sollen.

„Ich hob nern in sei Gloos neigschbotzt", erläuterte der grimmige Biertrinker den ersten Teil seiner Gegen-Kampagne, „und befuur der ibberhabbts aafzäing hot kenner, is er mer scho in mein Moussgruuch neigrennt. Vull mitn Gsicht. Suwos konn doch amol bassiern, odder?" Zwar verwies der Herr Rat in seinem Schiedsspruch auf den Lehrsatz, daß, wer sich in Gefahr begibt, oft darin umkommt, und daß es vielleicht nicht recht klug war, ausgerechnet dem Georg einen hartnäckigen Vortrag über die Vorteile des Mineralwassers zu halten, aber daß andererseits ein gebrochener Unterkiefer als Gegenmaßnahme entschieden zu hoch gegriffen war.

Im Namen des Volkes wurde der Chef der Trinkerfürsorge für seine harte Argumentation mit einer Geldstrafe von 800 Mark belegt.

Sabotage-Akt im Hinterhof

Täglich zweimal hatten die Quarkmuskeln vom Otto Hochbetrieb. Im Hinterhof an der rostigen Teppichstange absolvierte der Gostenhofer Ghandi jeweils vor dem Frühstück und dann wieder nach dem Büroschlaf sein wissenschaftlich erarbeitetes Bizeps-Programm. Zwanzig Klimmzüge, zehn Felgaufschwünge und dann noch eine Turnvater-Jahn-Gedenkminute, bei der der Otto immer wie eine Fledermaus mit den Füßen nach oben am Gerät hing und sein sonst blasser Totenkopf rot wie die Morgensonne knapp überm Pflaster baumelte.

Vor Gericht ähnelte der zünftige Frühsportler vom Bauch aufwärts jetzt eher einer altgriechischen Marmorstatue, nur halt aus Gips. Bis unters Kinn hatte ihn der Unfallarzt damals einbalsamiert, den rechten Arm und den linken Knöchel auch. Außerdem leidet der Otto seit dem Attentat an der Teppichstange an Kopfschmerzen, daß er gelegentlich die Englein im Himmel singen hört.

Auf der Anklagebank saß der Karl, ein Wohnungs-
nachbar von dem eingegipsten Reckturner, und bestätigte dem Herrn Rat, daß die kleine Eisensäge ihm gehört und daß sie das Gericht gern behalten kann, weil er
keine Verwendung mehr dafür hat. „Eingli", äußerte sich
der Karl vorsichtig, „hät des alles blouß a weng a
Schbäßla sei solln, Herr Direkter."

Nachts, als der Gostenhofer Vollmond kam, war der
Spaßmacher mit der Eisensäge in den Hinterhof geschli-
chen und hatte die Teppichstange in zweistündiger
Schwarzarbeit für weitere Trimm-dich-Übungen un-
brauchbar gemacht. Einen Spaß, flocht der Herr Amtsgerichtsrat ein, stelle er sich so vor, daß irgendwas passiert
und daß man dann lachen kann.

„Suu hätts ja aa sei solln, Herr Direkter", pflichtete
der nächtliche Saboteur bei, „dou schauer fräih immer an
Haafn Leit zou, wenn der Otto am Schdängler umanan-
derrumbld. Und iich hob denkt, daß däi Debbichschdan-
ger scho ausnanderkracht, wenn der es erschte Mol hii-
langt. Und die Leit hättn doch wos zon Lachn ghabt."

Leider ist es aber dann anders gekommen. Das unge-
nügend angesägte Hinterhofreck hielt die zwanzig
Klimmzüge aus, die zehn Felgaufschwünge auch, und erst,
als der Otto seine akrobatische Schlußnummer inszenierte, wo er mit knallrotem Kopf zwischen Himmel
und Erde schwebt, knirschte es entscheidend im Gerät,
und den Rest besorgte die Erdanziehung.

Drei Monate mit Bewährung und eine Geldbuße von
fünfhundert Mark hielt das hohe Gericht für den hinterhältigen Sabotageakt für angemessen. „A boar Johr Sibi-
rien", quängelte der Otto hinter seinem Gipskorsett,
„hättn mindestens rausschauer mäin."

32

Bärbels Alabasterbrust

Der Anton, von Beruf arbeitsscheu und seit sechs Monaten wehrpflichtiger Vaterlandsverteidiger, fürchtete aus verschiedenen Gründen um seine kurz vor Weihnachten geschlossene Verlobung mit der Bärbel. Der Leitspruch der üppigen und willigen Miß Gostenhof heißt nämlich: „Einmal ist keinmal."

Nebenbuhler gab es trotz des Verlobungsringes jede Menge, der Schütze Anton war fern und einen Urlaub hatte man dem eifersüchtigen Bräutigam aus disziplinarischen Gründen auch noch nicht gewährt.

Da traf es sich günstig, daß der Dieter, der in der gleichen Kompanie als Sanitätsgefreiter diente, dem Anton für ein geringes Entgelt seine schwülstigen Brief-Schreibkünste offerierte: „Wennst der Bärbl", erläuterte der Anton dem Lohnschreiber, „a weng suu a Zeich schreim kennst, wou in die Romane schdäiht, a weng mit Sex und suu, und daß an miich denkn soll. Und daß i trotz aller Nout ibberhabbts kanne andern Weiber ooschau?"

Für ein Zeilenhonorar in Höhe eines Kasten Märzen und eines größeren Postens Essenmarken fertigte der Dieter einen zwei Seiten langen Brief, an dem die Courths-Maler selig noch hätte lernen können. Der Anton signierte den Liebesbrief und war guter Dinge. Vor allem der Satz, in dem er sich „inbrünstig nach der Alabasterbrust" sehnt, hielt er für nobelpreisverdächtig.

Drei Tage später kam nicht der Nobelpreis, sondern ein Brief von der Bärbel. Kurz und bündig teilte sie mit, daß sich der Anton als entlobt betrachten kann. „Ich habe gar nicht gewußt", so die Bärbel, „daß Du so eine Sau bist. Und ich habe auch keine Alabasterbrust, Du Lustmolch." In der Anlage schickte die tief beleidigte Gostenhoferin den Verlobungsring, der „wahrscheinlich auch nur aus Messing ist".

Am gleichen Tag noch paßte der Anton den dichtenden Sanitätsgefreiten nach Dienstschluß ab und kritisierte die literarischen Fähigkeiten vom Dieter auf seine Weise: Mit einem gebrochenen Nasenbein, zwei ausgeschlagenen Zähnen und verrenktem Kiefer lag der Alabasterbrust-Erfinder drei Wochen im Revier.

Vor Gericht erläuterte der Anton den heftigen Schlagabtausch so: „Herr Chef, wenn Sie die Bärbl kennerten, greina kennt i, nou hättn'S aa hi ghaut." Leider kannte der „Herr Chef" die Bärbel nicht und belegte den Anton wegen vorsätzlicher Körperverletzung mit einer Geldstrafe von 600 Mark.

Anton: „Des is grood suvill, wäi i aff unser Hochzeit g'schboord hob."

Schnitzel nach Art des Hinterhauses

Die Frieda heißt bei ihren Kollegen „Miß Kalbshaxn" und ganz genau so schaut die Kalt-Mamsell auch aus. Knappe zwei Zentner bringt die wandelnde Reste-Verwertungsstelle auf die Waage, Doppelkinn und Rumpf gehen fast nahtlos ineinander über, und wenn sich die Frieda hinter der Theke bücken muß, dann sind mindestens zwei gestandene Oberkellner nötig, das Supergirl wieder in die Ausgangsposition zurückzuhieven.

Krank ist die Frieda nicht, aber verfressen. Wenn das mittägliche Schweinebraten-Defilée zwischen Küche und Gastzimmer beginnt, dann hält die Riesendame nichts mehr hinterm Zapfhahn. Der Peppi aus der Küche, Herr über Bratpfannen, Kochtöpfe, zwei Lehrlinge und drei

Köche, schilderte dem Herrn „Oberrichter" die fast tägliche Fahnenflucht der Frieda:

„Däi is in di Kichn rei kumma, hot gschaut, als wenn nix wär und nou hots scho irdhnd a Drumm im Maul ghabt."

An einem Freitag im Januar hatte der Peppi von den täglichen Besuchen der Allesfresserin die Nase voll. Behutsam panierte er einen ausgedienten Spüllappen nach Wiener Art und vermittelte ihm in der Pfanne mit viel Geduld und Liebe ein echtes Schnitzel-Image.

Punkt zwölf flötete es hungrig von der Tür: „Hobt er net a Restla fir miich – ich halts nimmer aus."

Eine Minute später hielt es das Küchenpersonal nicht mehr aus – vor lauter Lachen allerdings: Wie beabsichtigt, hatte die Frieda das Putzlappen-Schnitzel nach Art des Hinterhauses gesichtet und in einem Stück in Richtung Magen gleiten lassen. Vielmehr: wollen. Gerade noch rechtzeitig hatte die Frieda den panierten Lappen aus dem Hals ziehen können.

Reif fürs Krankenhaus war allerdings dann der Peppi. Mit der ganzen Wucht ihrer zwei Zentner und mit der Schnitzelpfanne kompensierte das frustrierte Freßwunder ihre Wut auf dem Kopf vom Peppi.

„Verständlich ist das schon", sagte der Herr Amtsgerichtsrat, „aber eine Kleinigkeit zu kräftig" und empfahl der Frieda erstens eine Frühjahrskur und zweitens, die 500 Mark Geldstrafe wegen gefährlicher Körperverletzung so bald wie möglich zu bezahlen. Sonst müßte sie die Strafe absitzen und Schnitzel gäbe es in der Zellenstraße nicht. Putzlappen schon eher.

Die falsche Paula

„Lou nu amol su a Fläschla reibrausn", befahl der Franz dem Herrn Unterkellner, nahm die Krankenkassen-Brille ab und näherte sich mit seinem Volksmund den frischgetünchten Lippen der Animierdame Paula. Zum ersten Mal in seinem kargen Leben war der gelernte Backsteinschlichter und Vesperholer in einer Nachtbar.

Zwei Stunden lang hatte er eingedenk der nicht ganz zivilen Preise vor einem mickrigen Gin mit Orangensaft zu 25 deutschen Mark ohne Bedienung und Mehrwertsteuer verharrt, bis ihn die Strumpfhalter-Schau auf der Bühne und die Paula unterm Tisch in Wallung gebracht hatten. Kurz vor Sonnenaufgang waren vier Flaschen echter Supermarkt-Champagner durch die Kehlen vom

Franz und von der Paula gelaufen und da hielt der Night-Club-Novize einen Angriff auf die Reize seiner Tischdame schon für angebracht.

„Dou is mer des alles scho a weng komisch vuurkumma", sagte der Franz vor Gericht, „wall des Louder im Gsicht suu gratzt hout." Als die Paula dann im Chambre separee das rote Licht ausknipste, schickte der Franz seine rechte Hand als Vorhut über die Gesamt-Anatomie der Champagner-Braut. Gleich nach dem Nabel wurde zuerst die Hand und dann der ganze Franz stocknüchtern: Die sogenannte Paula hatte sich eindeutig als Paul erwiesen.

„Du Dreegsau", soll der erschrockene Franz geschrien haben, „du maanst gwiß, mir hom Fasching". Der letzte Schluck Sekt ergoß sich über den hübsch verkleideten Paul, Flasche und Gläser flogen hinterher und beschädigten den zweigeschlechtlichen Provisions-Trinker empfindlich im Gesicht. Dann segelte der Herr Kellner ins Schlagzeug der Striptease-Symphoniker, die Frau Wirtin mußte noch zwei Watschn von Preisboxer-Güte hinnehmen und wenn die Polizei nicht gekommen wäre, hätte bestimmt das ganze nackerte Ensemble seinen Beförderungsschlag für die Unfallklinik bekommen.

„Herr Richter, des mäins doch selber soong", bat der Franz um Verständnis, „wenn's maana, Si hom a drumm Weibsbild in der Händ und langa hii und merkn, daß a Moo is, dou wern's doch aa schdinkert."

Diesbezügliche Erfahrungen hatte der Herr Amtsgerichtsrat zwar noch nicht gemacht, aber den Schock rechnete er dem Franz dennoch strafmildernd an. Die sechs Monate wegen Körperverletzung, Sachbeschädigung und Beleidigung wurden zur Bewährung ausgesetzt.

Der schmerzhafte Türdrücker

.

Die Frieda hatte ihre Nase meistens dazu benutzt, sie in die Angelegenheiten anderer Mitmenschen zu stecken. Davon und von der täglichen Dosis Eierlikör hatte der Riechkolben der alleinstehenden Frieda eine leicht rötliche Färbung angenommen. Eine Woche lang, Ende September, war der Zinken der schwergewichtigen Eierschnaps-Germania veilchenblau und die zwei Augen auch. Urheber der plötzlichen Umfärbung war der Kurt, Untermieter bei der Frieda und ein Kavalier der neuen Schule. „Der hout", wußte die allgegenwärtige Privatspionin, „jedn Dooch a andere ghabt". Nach dem Motto „Ex und hopp".

Einen Monat lang ließ die Frieda den Vorstadt-Casanova, trotz der Anti-Sex-Klausel im Mietvertrag auf dem arg strapazierten Sofa gewähren. Denn die einsame Wirtin partizipierte an den abendlichen Freuden vom Kurt: Vom Schlüsselloch aus beobachtete sie die Liebesspiele ihres möblierten Herrn.

Bis zu jenem Abend, als die Frieda in ihrer Voyeursloge von der Hongkong-Grippe befallen wurde und sehr vernehmlich dem Kurt mitten in die Liebe nieste. Da war die heimliche Love-Story für immer zu Ende.

Wegen Körperverletzung stand der Kurt vorm Amtsgericht. „I bin dodool unschuldi", erklärte er gleich anfangs, „i hob däi alte Sulln niesn härn und dou bin i glai an di Dirr hii grennt, hobs aafgrissn und dou mou's hiigfluung sei."

Die Frieda hatte da ganz andere Erinnerungen. Daß sie in ihrem Leben noch durch kein Schlüsselloch geschaut hat und daß sie lediglich an dem Abend einmal ihren langgehegten Verdacht bestätigt wissen wollte. Die Damenbesuche vom Kurt nämlich: „Der Lump hout in Diirdricker nooghaut und mir aff mei Nosn draff, daß i gmaant hob, däi bricht mer ab. Und dann hot er mer anne naafzind – i hob denkt, mei letzts Schtindla is kumma", so rekonstruierte die Frieda das peinliche Zusammentreffen. „Und halmi nackert", erinnerte sie sich, „wor er aa".

Die Karin, damals die Favoritin vom Kurt, konnte sich an nichts mehr erinnern: „I hob mi asu arch gschämt, Herr Richter." Vor lauter Scham, hatte sie sich das Unterhemd vom Kurt vor die Augen gehalten, damit sie niemand sieht. Mehr Zeugen gab es nicht und da wollte sich nicht einmal der Staatsanwalt so recht festlegen. Der Herr Rat auch nicht. Der Kurt wurde wegen der sehr notdürftigen Beweise freigesprochen. "Wohrscheins", meckerte die Frieda, „mou etza mei Diirdricker ins Gfängnis."

Der ungetreue Wanninger

Die Emmy traute ihrem Gemahl seit jener rasanten Morgenandacht nicht mehr so recht, wo der Erich mit seinen gesamten 150 Zentimetern als Aushilfsbettvorleger vor den ehelichen Sprungfedermatratzen ausgestreckt war, das Toupet in der Hosentasche, aus dem Hals den Duft der kleinen beschränkten Halbwelt und auf dem gebleichten Sonntagshemd in Äquatornähe den rosaroten Abdruck eines weiblichen Schmollmundes. Noch am gleichen Tag griff die Emmy zur Selbsthilfe. „Kennst net", bat sie den Max telefonisch, „a weng aff mein Altn aafpassn. I glaab, dou lefft wos mit andere Weiber und bsuffn is er aa dauernd".

Der Max, ein Freund der Familie und der Spezi vom Erich, nahm den Feierabend-Job als Privatdetektiv an und ließ sich auch gleich einen Spesenvorschuß in der stolzen Höhe von einhundert deutschen Mäusen bar auf die Hand auszuzahlen. Doch der Erfolg des Vorstadt-Maigret blieb aus. Nach wie vor lief der Erich einmal in der Woche veilchenblau in der Heimat ein, und die Indizien für außereheliche Belustigungen häuften sich. Doch der Herr Kommissar meldete an Stelle von Beweismitteln immer nur: „I derwisch nern scho nu, dou koost di draff verlassn." Erwischt hat aber dann die Betty – und zwar so, daß der Max zwei Wochen lang krank war und der Erich jetzt für jeden Spaziergang außer Haus freiwillig einen schriftlichen Antrag ausfüllen würde.

Bei einer Brusttaschenuntersuchung nämlich hatte die Betty die recht horrende Rechnung eines nackerten Balletthauses gefunden. Mit Namen und Adresse des Stripschuppens. Und als die Rachegöttin ein paar Stunden nach Mitternacht in den Katakomben der wenig heiligen Hallen ihren stillen Genießer ausfindig machte, da saß zu ihrer Überraschung der so fürstlich entlohnte Privatdetektiv mit am Tisch. „Dou mer nix", konnte der Max noch schreien, „dei Moo hout mer mehr zohlt". Dann zog ihm die Betty meisterschaftsreif mit der Sektflasche den Scheitel nach. Der untreue Wanninger mit den sehr seltsamen Methoden war sofort k. o. „Soong S' doch selber, Herr Richter", bat die Betty um Verständnis, „des is doch a Sauerei. I gib dem Lumpn a Pulver, daß er aff mein Altn aafpaßt, und nou denna si däi zwaa Sauboum zamm und versaufn mei Geld mit halbnackerte Weibsbilder in di Schambre Rebarree, odder wäi des hasst."

Für den heiligen Zorn hatte der Herr Rat Verständnis, nicht aber für die Sektflasche mit eingebauter Gehirnerschütterung. Wegen gefährlicher Körperverletzung mußte die Betty eine Geldstrafe von 400 Mark entrichten. „Biißn mous ja doch iich", sagte der Erich und verließ mit eingezogenem Kopf und in respektvollem Abstand zur Gattin den Gerichtssaal.

Mit dem Stahlhelm zur Silvesterfeier

Der Robert ist ein ausgesprochener Gemütsmensch. Was auch seine Gattin vor dem hohen Gericht kräftig bestätigte. „Suwos gouts", schrie die leicht schwerhörige Betty im Zeugenstand, „wäi mein Moo, gibts aff der ganzn Welt nimmer."

Doch die Provokationen beim Silvesterball in der miefigen Vorstadtkneipe hatten auch beim guten Menschen aus Gostenhof das Maß des Erträglichen weit überschritten. Bei einer Flasche Unternehmer-Sprudel extra trocken wollten die Betty und ihr Robert den letzten der 365 Tage locker und beschaulich auspendeln lassen.

Eine Stunde vor Mitternacht schepperte es am Nachbartisch zum ersten Male und der Sektkorken zischte nur Millimeter am Ohr vom Robert vorbei. „Dou hob i nu denkt", gab der Robert zu Protokoll, „daß aus Versehng wor." Bei der zweiten Flasche hatte sich die nachbarliche Champagner-Artillerie dann eingeschossen, die Stöpsel-Rakete knallte der Betty hart auf die linke Seite ihrer fülligen Oberweite. „Des hot fei weh dou", schrie sie den Herrn Rat an und markierte mit dem Zeigefinger genau die Einschußstelle, „und vo aus Versehng koo dou ka Red mehr sei, wenns an genau aff di . . . ner ja aff die Dinger schäißn."

Die „Dinger" von der Betty blieben jedoch nicht das einzige Ziel. Drei weitere Einschläge hatte der Robert bis kurz vor dem Neujahrsläuten schweigend hingenommen. Auf die Nase, ins linke Auge vom Robert, ins rechte von seiner Gattin. „I bin mer vuurkummer", erinnerte sich der wilhelminische Frontkämpfer, „wäi im värzenner Johr ban Frankreichfeldzuuch."

Als die feindlichen Nachbarn den vierten Schuß ins Ziel brachten, war es auch ihr letzter. „Erscht", sagte die Betty, „is unser Sektfläschla umgfluung und mir die ganze Bräih es Klaad noo gloffn. Und nou hot der, der wou dauernd gschossn hot, sei Flaschn gnummer, hot gsacht a gsunds neis Johr und hot mein Altn abgschbritzt wäi mitn Gartnschlauch."

Nun schoß der Robert zurück. Seine Handgranate, Hausmarke, extra dry und in der Getränkekarte mit 12,50 DM ausgewiesen, schleuderte er mit Wucht und In-brunst auf den gegnerischen Schädel. So gesund, wie ge-wünscht und erwartet begann nun für beide das neue Jahr nicht. Der Sektkorken-Kanonier erlitt eine ansehn-liche Blessur. Und der Robert wurde wegen der Unver-hältnismäßigkeit des Gegenangriffs zu vierhundert Mark Geldstrafe verurteilt. „Wenn des asu is", brummte er nach dem Urteilsspruch, „gemmer halt es nexte Mol mit Stahlhelm aff Silvesterfeiern."

Metzgerei

Vererte Kunschaft,
bei mir ist desorgen ales so billig,
weil meine Schnitzel vom
Pferd sind und zum Hakfleisch
nehm ich meistens tote Katzen.
Heute is gschlossen, weil ich
beim Hundefänger bin.

Hochachtungsfoll ihr
Metzgermeister

Asoziale Marktwirtschaft

„Wenni der Schickedanz wär, nou hätt i den sein Ramschloodn einfach aafkafft und i hätt mei Rouh ghabt." Der Sigmund war aber nicht der Schickedanz, sondern Metzgermeister in einer Straße, wo sich vor einem Jahr noch eine Blut- und Leberwurst-Zentrale etabliert hatte. Eine zuviel, wie der Sigmund schon nach ein paar Wochen feststellte.

Auf dem abgewetzten Anklagebänkchen wetterte er gegen die freie Marktwirtschaft: „Meine Kundn sin aff amol in des neie Gschäft ganga, wall der Preise gmacht hout, wäi in der Kaiserzeit." Waren die Schnitzel beim Altmeister mit zwei Mark ausgezeichnet, konnte man einen Tag später bei der Konkurrenz in weißer Pinsel-schrift am Schaufenster lesen, daß sie hier nur eine Mark fünfzig kosten.

„Und suu", schimpfte der Sigmund, „hot ers mit der Worscht gmacht, mitn Hackfleisch, mit di sauern Gurkn und mit allem. Einfach iiberohl a fuchzgerla weniger firs Pfund verlangt, blouß daß iich eigäih. Am Schluß hob iich blouß nu Eis am Schdeckerl verkafft an klanne Kinder, wall des hot der ander net ghabt in sein Krämersgschäft."

Der Sigmund hatte wegen des rapiden Geschäftsrückganges viel Zeit zum Nachdenken und an einem Samstagvormittag wunderte sich der Kollege Preisbrecher über seine aufgeregte· Kundschaft. „A jeder hot an Ring Schdadtworscht verlangt und alle homs mer immer blouß zwanzg Bfennig iibern Loodndiisch gschuum." Bei einer Verschnaufpause erkannte er eindeutig die Handschrift vom Herrn Nachbar. „Heute Sonterbreis", stand in der gleichen weißen Pinselschrift, mit der er sonst seine Dumping-Rabatte ankündigte, am Fenster, „jeder Ring Stattwurst heute nuhr zwanzig Pfennig."

Die erste Attacke auf seine Supermarkt-Methoden quittierte der Billig-Metzger nur mit einem milden Lächeln, beim zweiten Pinselüberfall allerdings alarmierte er die Polizei. Kurz vor Mittag war es damals und noch kein einziger Kunde in sein gekacheltes Tiefkühlreich gekommen. „Dou schdimmt wos net", befürchtete er mit Recht und schob sich mit seiner Kotelett-Hacke bewaffnet ins Freie.

„Vererte Kunschaft", las er auf seinem Schaufenster, „bei mir ist deswegen ales so billig, weil meine Schnitzel vom Pferd sind und zum Hakkfleisch nehm ich meistens tote Katzn. Heute is geschlossen, weil ich beim Hundefänger bin. Hochachtungsfoll ihr Metzgermeister."

Der Sigmund, der seinen verödeten Laden inzwischen an einen Glasermeister verpachtet hat, bat vergeblich um Verständnis: Wegen Geschäftsschädigung und Beleidigung mußte er zweitausend Mark in die Gerichtskasse einlegen.

Ein Hund namens Schmitt

Die Frau Schmitt hat ein Gesicht wie ein pensionierter Preisboxer, einen abgeschnittenen Schwanz, gestutzte Ohren und vier Beine. Die Frau Schmitt ist eine fast reinrassige Dogge und gehört dem Georg, der wegen des seltsamen Namens seines Zamperls aufs Amtsgericht gebeten worden war.

„Ist das nicht", fragte der hundekundige Rechtsgelehrte hinterm Richtertisch, „etwas seltsam, wenn so ein Trumm Viech Frau Schmitt heißt, noch dazu, wenn die Frau Schmitt ein Männchen ist?" Der Georg hielt das für weniger seltsam, vor allem wenn man bedenkt, daß sein steuerpflichtiges Kalb laut Stammbuch mit vollem Namen „Anton von der Mühlwiese" heißt. „Bis i dou schrei ,Anton von der Mühlwiese, pfui!'", erläuterte der Georg glaubhaft, „hout der an scho längst ins Baa bissn."

Nur vermutete der Herr Rat hinter der seltsamen Namensgebung auch nicht ganz zu Unrecht weniger edle Motive.

Als Zeugin wurde die Frau Schmitt gehört. Nicht die mit dem abgeschnittenen Schwanz und den gestutzten Ohren, sondern die Hauswirtin vom Georg. Ein Vierteljahr lang hatte sie sich über ihren vierbeinigen Namensvetter aus dem ersten Stock geärgert: „Wenn der mit sein Hund die Treppn roo kumma is, nou hout er genau an meiner Diir immer gschriea ‚Frau Schmitt, du bläider Hund, schau, daß'd herkummst' oder ‚Frau Schmitt, worum krazt'din asu, host gwiß Filzlais'. Und dou hob i zerscht immer denkt, daß der freche Rotzlöffl miich maant."

Als dann der Georg bei einem seiner wortreichen Treppenspaziergänge seinen furchterregenden Vierbeiner, respektive die Frau Schmitt, als Drecksau bezeichnete, weil sie sich hinsichtlich ihres Stuhlganges in der Wohnung daneben benommen hatte, ging die zweibeinige Frau Schmitt zur Polizei und zeigte den Georg wegen Beleidigung an.

Auch der Herr Rat fand, daß da beleidigende Absicht hinter der Namensänderung steckt und verurteilte den Georg zu einer Geldstrafe von 200 Mark.

„Wäi soll in nou etz mein Hund nenna", fragte der Georg nach dem Schuldspruch, „wou er si doch suu an den Noma gwöhnt hout." Der Herr Amtsgerichtsrat meinte, daß Doggen verhältnismäßig intelligent seien und daß der „Anton von der Mühlwiese" sicher schnell umdenken werde. „Des glaab i net", sagte der Georg schon unter der Tür, „wall di Frau Schmitt is nemli ganz schäi bläid . . ."

Warum es an der Pegnitz so schön ist

Den ganzen sonnigen Sommernachmittag hatte der Karre an seiner Privat-Riviera am Fuchsloch verbracht. Die Füße in den erfrischenden Pegnitzwellen, die Hosenträger auf Halbmast, an der Angelleine eine Flasche, zum Kühlen im Wasser. Von Zeit zu Zeit zog sie der Karre an Land und nahm einen kräftigen Schluck.

Der Max, vierbeiniger Freund des Pegnitz-Clochard, ließ immer in Sichtweite vom Herrchen seinen wamperten Hängebauch zufrieden über Butterblumen und Löwenzahn schleifen. Ein wahrlich friedlicher Nachmittag, der allerdings, was weder der Karre noch sein Zamperl ahnten, turbulent endete.

Es fing so an, daß der Fahrradschlüssel vom Karre in die Pegnitz fiel, als er zum sechsten Mal seine Flaschenbier-Post aus dem Franken-River hievte. Der Schlüssel aber war notwendig, weil das Velociped abgesperrt oben am Straßenrand stand.

Der Karre entledigte sich seiner ledernen Knickerbocker und tauchte nur noch mit der Unterhose bekleidet nach dem Schlüssel. Erfolglos. Wie sich die Sonne hinter Gostenhof schon empfohlen hatte, gab der Unterhosen-Taucher auf und machte sich auf den beschwerlichen Heimweg.

In der linken die patschnasse Reizwäsche, auf der rechten Schulter das diebstahlsicher abgesperrte Gesundheits-

Zweirad und in zwei Meter Abstand der Max, der den seltsamen Spaziergänger nicht mehr als Herrchen akzeptierte.

Der Karre schimpfte, der Max bellte. Und als eine Funkstreife das Grantler-Gespann stoppte, war der sonst friedfertige Karl kurz vor der Explosion. Ob das denn sein Rad sei, wollte der Herr Wachtmeister wissen, und wenn ja, warum er es dann abgesperrt auf der Achsel trage.

Eine an sich berechtigte Frage, doch jetzt gingen beim Karl die Lichter aus: „Wall mer der Dokter", entgegnete der Fahrrad-Träger, „es radfohrn verbot'n hot. Und mein Kraftfahrzeugschein hob i dahamm vergess'n, Hirnheiner bläider."

Dann schepperte es und die Rennmaschine flog dem Wachtmeister nicht gerade schmerzfrei auf die Zehen. „Da, nimm's miet, wennst maanst, daß is g'schdulln hob."

Nach einem Vierteljahr erläuterte der Staatsanwalt dem Karre, wie derartige Dialoge rechtlich gewürdigt werden: Widerstand gegen die Staatsgewalt in Tateinheit mit Beamtenbeleidigung. Ob er vielleicht für drei, vier Monate in Staatspension gehen wolle.

Der Karl wollte nicht. Er schilderte dem Herrn Amtsrichter den Verlauf des anfänglich so friedlichen Nachmittags sehr plastisch, „vur lauter Wout" habe er dann nicht mehr gewußt, wo oben und unten war. „Es kummt aa nimmer vur", meinte der Karl zum Schluß, „wall etz hob i a neis Schloß mit an Ersatz-Schlisserla."

Zum Freispruch langte es zwar nicht, aber die Geldstrafe von 200 Mark nahm der Karre dankbar an.

Bleikugeln im Wurstbrot

Nach eigenen Angaben ist der Konrad ein ausgesprochener Pazifist. Einen Hang zu konventionellen Waffengattungen verspürte er höchstens einmal im Jahr beim Gipsröhrchen-Schützenfest auf der Zerzabelshofer Kirchweih. Gemessen an dieser sanften Selbsteinschätzung las sich die Anklage gegen den Menschenfreund wie ein Telegramm vom Dreißigjährigen Krieg: Vergehen gegen das Waffengesetz, Sachbeschädigung, Beleidigung und gefährliche Körperverletzung.

Mitte Mai hatte der Konrad mobil gemacht und das Wochenende darauf die Kriegshandlungen gegen seinen Nachbarn ohne weitere Erklärungen eröffnet. „I hobs im Kupf nimmer ausghaltn", erklärte der Guerilla-Kämpfer vom ersten Stock dem Herrn Amtsgerichtsrat, „alle zwaa Dooch ham däi aff ihrer Derassn wos zon Feiern ghabt. Manchmol homs gsuffn und gwercht bis die Sunner aafganger is."

Vierzehn Tage lang hatte der Konrad seine geraubte Nachtruhe im Büro nachholen müssen, die Nervenstränge waren abgewetzt wie ein alter Schleifstein und statt schöne Gedanken wie früher hatte er nach Feierabend nur noch finstere Rachepläne.

An einem Freitag hatte sich der private Vaterlands-verteidiger einen luftdruckbetriebenen Henrystutzen samt Bleimunition erstanden, und am Samstag wartete er gelassen auf die Feinseligkeiten von der Gegenseite. „Ba der Sportschau ohms ummer zehner", erinnerte sich der Konrad, „hob i scho denkt, heit lefft nix und bin scho fast a weng eignickt. Aff amol douts driimer an Schlooch, daß i gmaant hob, dai hom die schwere Adil-lerie aafgfohrn."

Es war aber nur ein Sektkorken, den der Herr Nach-bar in die Umlaufbahn geschickt hatte. Der Konrad ver-schanzte sich inzwischen hinter seiner Geranien-Plantage, lud durch und legte an. „Sechs Sektgläser", rechnete der Herr Nachbar im Zeugenstand auf, „sin zerschebberd, und mir hom ibberhabbds net gwißt, wos lous is. Jeds-mol hots ‚bling' dou und nou wor widder anns hii. Bis iich aff amol in a Worschtbrot neibißn hob und aff a Blei-kicherla kummer bin. Nou hob i Bescheid gwißt."

Doch bevor die hart attackierten Ruhestörer in Dek-kung gehen konnten, traf der Konrad den nachbarlichen Oberbefehlshaber genau auf den Schneidezahn. „Nou hodder riiberblägd", gab der Kronzeuge noch zu Proto-koll, „daß des fiir uns Rindviecher vielleicht a Denkzettl wor und wemmer widder amol es Maul aafreißn, nou schmeißder mit Eierhandgranoodn."

Beim Urteil hat dann der Konrad das Maul aufgeris-sen: Der Herr Rat würdigte die gefährliche Nachtübung mit drei Monaten auf Bewährung und tausend Mark Geldbuße. Die Schrebergarten-Flak und die Munition wurden sicherheitshalber gleich konfisziert.

Der Chef
ist eine Sau

„Master", meldete die Putzfrau am frühen Montagmorgen. „Etz schdäihd des Schbrichla schon widder am Abord drausn." Der Arbeitskampf nämlich beim Herrn Schlossermeister fand mangels anderer Möglichkeiten – regelmäßig auf der zugigen Befreiungshalle statt. Schriftlich.

Dreimal schon hatte die Marie auf Geheiß vom Boß an der Abortwand abwischen müssen, was die Betriebsmoral stark gefährdete: Einen Galgen, an dem der Meister baumelte – und daneben die schlichten Worte „der Scheff ist eine Sau".

An jenem Montag hatte der Herr über fünf Gesellen, zwei Lehrlinge und eine Putzfrau die Nase voll von den Kloparolen und legte sich auf die Lauer. Immer wenn einer seiner Untertanen im Pressiergang der Mief-Loge zustrebte, schlich der Boß mit düsteren Verdächtigungen hinterher. Und beim Franz wurde er fündig.

„I hob mers glai dengt", sagte er zum Herrn Rat, „daß blouß der des sei koo, wall der scho immer su komisch derhergred hout. Vo di Bonzn und Ausbeutung und su, wissns scho. Und lange Hoar hat er aa ghabt." Was aber auch vor Gericht nur ein notdürftiges Beweismittel ist.

Doch der Herr Chef hatte an dem Montag, wie er sagte, Nägel mit Köpfen gemacht. Mit einem lautlosen Klimmzug war er in die Intimsphäre vom Franz eingedrungen und im Halbdunkel hatte er erkannt, daß sein Geselle zweierlei zu verrichten hatte: „Am Abort is er ghockt, su wäi sis ghört, und aff amol hout er an Bleischdift rauszuung und es schreibn oogfangt."

Der Franz auf der Anklagebank wies jegliche Schuld weit von sich. „Des mitn Bleischdift", meinte er, „des koo scho sei, wall i manchmal su nackerte Weiber mol, obber sunst nix."

Der Herr Rat wollte auch Nägel mit Köpfen machen und diktierte dem Franz den beanstandeten Satz „der Scheff is eine Sau". Danach wurde der Franz freigesprochen.

Weil der Chef nicht gesehen hatte, was er in die Abortwand eingravierte, weil die Wand nicht ernsthaft beschädigt wurde und vor allem: weil er den Satz auf das richterliche Papier einwandfrei kritzelte: „Der Chef ist eine Sau."

Wenn das heiße Mieder wieder blüht...

Die letzten Strahlen der Feierabend-Sonne hingen in den Kastanienblüten, das elektronische Zwanzig-Pfennig-Orchester schmetterte das Lied vom weißen Flieder und gelegentlich tauchte eine Spinne in die braunen Fluten des halb vollen Maßkruges und ertrank. Die beschauliche Außenwelt hatte mit der Innenwelt vom Franz gleichgezogen und was die Glückseligkeit des Biergarten-Pensionisten vollkommen machte, war die randvoll eingeschenkte Bluse der Frau Kellnerin, die durch den kühnen Ausschnitt hervorragenden Sichtverhältnisse in ihre stramme Berg- und Tal-Bahn erlaubte und der Hauch von einem Rock, der nach jedem Windstoß beim Franz schwüle Gedanken auslöste.

„Host du scho amol", fragte der leutselige Trinker zwischen zwei Schluck Maibock seinen Nachbarn, „solche Abbarade gsehng?" Der Herr Nachbar antwortete nicht. Wie die Miß Zehn-Prozent auf dem Bierfilzl vom Franz die dritte Maß anstrich und sich deswegen wie beim alt-englischen Hofknicks tief nach vorn beugen mußte, hat man sein Herzklopfen bis an's andere Pegnitzufer hören können.

„Zwaa Zentimeter mehr wennsersi buckt hätt", murmelte er ehrfürchtig, „nou warn däi zwaa Dinger zuam Hemmerd rausghüpft." Der Nachbar vom Franz hatte über das gewaltige Naturereignis immer noch keine Meinung. „Und suu an Hintern", fuhr der Franz fort, ungeachtet des Desinteresses seines stummen Gesprächspartners, „i glaab, dou laafert sugor ba mir nu wos."

Bei der vierten Maß erklärte der hoch erregte Rentner, daß es ihn gleich zerreißt und daß es ihm schon einen Hunderter wert wäre, wenn er die zweckerte Schönheitskönigin in einer stillen Viertelstunde gehörig heimsuchen könnte. Da wurde der Herr Nachbar, der mit Vornamen Karl hieß und mit dem Nachnamen genau so wie die Bedienung, zum erstenmal gesprächig.

„Du alte Wildsau", hat er gesagt und den Franz mit einem harten Maßkrug-Schwinger für eine Viertelstunde ins Nirwana geschickt. „I hob nu nie an wos dou", verteidigte sich der Karl vor Gericht, „obber der hot ja iber mei Fraa gredd, wäi wenns di allerletzte Schnalln is. Des koo mer si doch net gfalln laun. Sie dätn si doch aa rihrn, Herr Richter, wenn anner zu Ihne sachd, daß nern etz glei zerreißt, wenn er net glei Ihr Frau oogreifn derf."

Rühren schon, sagte der Herr Rat, aber nicht mit dem Maßkrug in der Hand und so heftig, daß es am Schluß eine schwere Gehirnerschütterung ist und ein Nasenbeinbruch. Und daß es vierhundert Mark kostet wegen Körperverletzung. Ganz ungerupft wird der Franz allerdings auch nicht davonkommen, weil der Karl und seine luftige Gemahlin Anzeige wegen Beleidigung erstattet haben.

Der Nuschel-Edi im Zeugenstand

Die Zähne waren dem Eduard sein ganzer Stolz. Jeden Früh hat er die herausnehmbaren Kukident-Hacker gegen die aufgehende Sonne gehalten, sie mit einer Wurzelbürste wieder salonfähig aufpoliert und jedesmal hat er dabei mit Schrecken an die zahnlose Zeit denken müssen, wo seine Speisekarte hauptsächlich aus Grießbrei, Kohlrabi und eingetauchten Semmeln bestand.

„Etscher, Herr Richter", nuschelte der Edi wie die Spätausgabe vom Moser, „isch widder schuweid. Scheid fimbf Wochn schin meine Zee verschwundn und der Verbrecher dou schachd dauernd, dasch er nix derfoo wasch." Der „Verbrecher" gehört wie der Edi zur Spätlese am gemeinsamen Pensionisten-Stammtisch, heißt „Schmeling" mit Spitznamen wegen einer angeblichen Karriere als Faustkämpfer und saß jetzt behaftet mit einer Anklage auf Körperverletzung und Sachbeschädigung am Sünder-Bankerl.

An dem Abend, an dem die beiden runzligen Bieder-
männer einander den Krieg erklärt hatten, war es vor
allem um die sportlichen Erfolge vom „Schmeling" gegangen. „I hob", berichtete der Max dem hohen Gericht,
„erzillt, daß i um a Häärla scho amol Gau-Meister im
Fliingewicht worn wär und des hot mer kanner glabbd."
Am ungläubigsten muß der Edi gewesen sein. Der Max
erinnerte sich jetzt noch mit Grimm in der Seele:

„Der hot gsacht, daß i vielleichd Master im Noosn-
buhrn worn bin odder im Moußgruuch-Schdemmer und
daß i mer, wenn i mit meiner Faust an sei Kinn hiihau,
hexdns in Arm verrenk." Die gefährliche Äußerung ist
dann auch gleichzeitig der Gong zur ersten und letzten
Runde beim inoffiziellen Großvater-Championat gewesen. Der Schmeling hat aufgezogen und den Edi mit
einem Gostenhofer Rundschlag für fünf Minuten in den
Boxer-Himmel geschickt.

„Desch wor ja gornedd schuu schlimm", machte der
Eduard im Zeugenstand geltend, „obber ba den Schleechla
isch mer mei Gebisch rauschgfluung und wäi i widder
tschu mir kummer bin, worsch schburlos verschwundn."
Wo denn die so schmerzlich vermißten Beißwerkzeuge
seien, wollte der Herr Rat vom Schmeling wissen. Da
griff der Max milde lächelnd in die Jackentasche und prä-
sentierte die nur leicht lädierte Prothese.

„Verdroong mer sie widder", fragte der Zahn-Klau.
„Weecher mir", sagte der Edi, schob seine Zähne mit
schnellem Griff unter die Schnorrn und reichte dem Max
zur Versöhnung die Hände, „etz konn i wenigstens widder gscheit redn."

Der Herr Amtsgerichtsrat stellte das Zahnausfall-
Drama wegen Geringfügigkeit ein.

„Von an Brichla wass i nix"

Meistens um Mitternacht kam der Max, sah und sägte. Altersschwache Tresore, Registrierkassen, Zigarettenautomaten und sonstige Kiesbehälter hatte er in fast zwanzigjähriger Laufbahn schon erfolgreich mit seiner handlichen Eisensäge bearbeitet. Jetzt stand der nächtliche Handwerker wieder einschlägig vor einem seiner besten Bekannten. „Wir kennen uns", begrüßte die schwarbe Robe unterm Kruzifix den Max. „Ja vom Wechschaua", antwortete der Max und prophezeite dem Herrn Rat auch gleich eine zu erwartende Niederlage: „Heit lefft nix im Namen des Volkes und suu – iich wors net und nou werd wohrscheins a weng a Freischbrichla rausschaua, odder?"

In der fraglichen Neumondnacht soll Knacker Max einen Bargeldschrank im Büro eines Baugeschäftes bearbeitet haben. Erfolgreich zwar, aber angesichts der Flaute im Betonbusiness nur mit mäßiger Beute: für fünf Mark Briefmarken, eine Flasche warmen Sekt und dreiachtzig in bar.

Hochwissenschaftlich hatte das polizeiliche Rateteam Metallsägespuren an der Hose vom Max entdeckt und ihn für überführt gehalten. „In der Nacht", erläuterte hingegen der Max, „wor iich vo derer Welt entrückt. Hei wor i, verschdenger S', wech vom Fenster wäi in die Obiumhöhln vo Hinterchina. Fir fünf Märkla hob i mer im Hauptbohnhuuf su a Himmelfahrtstablettn kafft – des wirkt schneller, wäi a Fläschla Zwetschger."

„Geh ich recht in der Annahme", fragte der Herr Staatsanwalt, „daß Sie an jenem Abend eine LSD-Tablette zu sich genommen haben?" „Dou gengers ganz schäi recht in Ihrer Annahme und von an Brichla waß i nix", sagte der Max.

Zeugen gab es nicht, auch keine Fingerabdrücke oder Fußspuren und die Sägespäne auf der Hose waren zu dürftig, um den Max für längere Zeit aus dem Verkehr zu ziehen. Doch das vergitterte Einzelzimmer ohne Bad und Dusche in der Pension „Zum gestreiften Hemd" war schon bestellt: „Sechs Monate", verkündete der Herr Rat nach der Zigarettenpause im Beratungsstübchen, „wegen Vergehens gegen das Opiumgesetz."

„Schoo oognumma", verkündete der Max dankbar. Weil sechs Monate wegen einer LSD-Tablette nämlich bilanzmäßig wesentlich besser sind, als drei Jahre und anschließend Sicherungsverwahrung wegen Einbruchsdiebstahls.

Vinzenz und das Mißverständnis

Auf Hausnummer sechs im dritten Stock des Sozial-Silos wohnte der Max und auf Hausnummer acht im Parterre der Vinzenz. Leiden konnten sich die zwei alten Herren noch nie so recht – was vor allem am Standes-unterschied lag: Der Max nämlich – städtischer Rand-steinpfleger einst – war Pensionist und der Vinzenz bezog seinen Altersnotgroschen von der Fürsorge.

An einem milden Morgen im Frühherbst klopfte es an der wurmstichigen Tür vom Vinzenz seiner Baracke. „Kennst mer net", fragte der Max unterwürfig, „a weng helfn Möbl noo droong. I zäich nemli um und allans back is net." Fehlendes Schmalz hatte das soziale Gefälle besei-tigt. Allerdings nur einseitig. Der Vinzenz lehnte den Hausrattransport vom zweiten Stock wegen angeblicher Herzschwäche ab.

Aber dann muß der Vinzenz – auf seine Weise – doch noch geholfen haben. Denn jetzt standen die zwei alten Herren vor Gericht. Der Max als Zeuge und der Vinzenz wegen Diebstahls. Als nämlich der Spediteur gegen Mittag mit seinem asthmatischen Dreirad vorfuhr, da war der Hausrat vom Max nicht mehr vollständig. Ein Pappdeckelkoffer fehlte, ein japanischer Besen, ein Resi-Schmelz-Karton mit Krippenfiguren, ein Olympiaalbum aus dem Jahr 1936 und eine im Holzbottich gepflanzte Alpenveilchen-Plantage.

„Gschdulln hout er's, der Lump", eiferte der Max. „Suu, wäi is noodroong hob aff di Schdraß, houts der untn eikassiert und in sei Bruchbudn geschlaaft."

Der Vinzenz wies derartige Anschuldigungen entrüstet zurück; insbesondere verbat er sich den Ausdruck „Bruchbudn" für seine Nachkriegs-Villa: Daß der Max ihn um Trägerdienste gebeten hatte, sei unwahr. Von einem Umzug habe er nichts gewußt. Vielmehr wäre an dem Tag Entrümpelung gewesen und deswegen sei er gleich in aller Früh auf Schatzsuche gegangen und da wären die fraglichen Kleinodien mutterseelenallein vor der Hausnummer sechs gelegen.

„Und nou", sagte der Vinzenz mit einem Augenaufschlag, dem kein Strafgesetzbuch der Welt widerstehen kann, „nou hob i des Glump halt miitgnumma. Mer wass ja net wäi mers braung koo."

Der Richter stellte das Verfahren wegen Geringfügigkeit ein mit der Auflage, daß der Vinzenz die Pretiosen wieder zurückgeben muß. Den japanischen Besen, den Pappdeckelkoffer, die Krippenfiguren, das Olympiaalbum und die Alpenveilchen.

„Wenn widder Entrümpelung is", stotterte der Vinzenz beim Hinausgehen, „konn er den Krempl abhulln. Und nou zeich nern iich oo."

Der Gentleman aus Schwabach Land

Eine ganze Nacht lang hatte der Hubert die halbseidenen Freuden der Großstadt zwischen dem Dreihundert-Mäderl-Haus an der sündigen Mauer und den Korsett-Balletteusen in der Luitpoldstraße genossen.

Als ihm beim ersten Morgengrauen eine schlaftrunkene Taube mit gezieltem Abwurf die Nasenspitze verzierte, Zapfhähne nur noch schlaff Tropfbier produzierten und der Brieftaschenbestand abgenommen hatte wie die Soraya bei der Schrotkur, beschloß der Hubert die Heimreise mit der Bundesbahn.

Am Bahnsteig in die Provinz schnarchte er, daß sich der Schwabach-Expreß erst gar nicht einzufahren traute.

Der Augustmorgen war schon herbstlich kühl, was der Hubert vor allem an der großen Zehe feststellte. „Zerscht hob i gmaant, i lich in mein Bett und hob mi an die Fäiß aafdeckt", berichtete der Hubert dem Herrn Rat. Als er aber die sektmüden Lider, so gut es ging, hochzog, da sah der Gentleman aus Schwabach Land, daß ihm seine wild-ledernen Leisetreter fehlten.

Erschrocken glotzte die große Zehe durch die undich-ten Dampfsocken und der Hubert war hellwach. „Wous di Dreppn no gäiht, hob i zwaa su Zigeiner gsehng und anner hout meine Schlappn in der Händ ghabt."

„Raubüberfall", schrie der Barfußläufer und verfolgte die Schuhdiebe in olympiaverdächtiger Geschwindigkeit. Touristen wunderten sich über die hiesige Fußbekleidung, eine Dame hielt sich die Nase zu, als der Hubert kurz neben ihr verharrte, und die Brezenfrau schimpfte: „Es ganze Pulver versaufn und ka Geld fiir Schouh hoom . . . !"

Am Haupteingang hatte der Hubert die seltsamen Schuhbeschaffer eingeholt. Walter hieß der Herr mit der nicht ganz geruchlosen Beute in der Hand – wegen Dieb-stahls saß er jetzt auf dem Delinquenten-Bänkchen. Doch da war der Walter entschieden dagegen: „Mir hom gsehng wäi der bsuffne Heini dou aff der Bank gschnarcht hout und nou wollt mern halt an Streich schbilln. Iich hob nern ganz vorsichtig die Schou auszuung und mir wolltns grood hiischdelln, dou hout der es Schreia oogfangt. Nou simmer nertirli grennt."

Der Herr Rat hatte erhebliche Bedenken und verur-teilte den Walter zu einer Geldstrafe von 200 Mark. „Dou koo i mer ja", räsonierte der nach dem Schuld-spruch, „a Boar silberne Schouh kaafn mit goldne Sulln."

Ei im Glas und im Gesicht

Wenn das Cocktailmixen eine olympische Disziplin wäre, dann hätte man auf den Conny und seine artistischen Eiswürfeleinlagen in Sapporo auf keinen Fall verzichten dürfen. Medaillenverdächtig ist vor allem, wie der Profischüttler die verschiedenen Flips vom fünffachen Magenbitter mit einem Schuß Methylalkohol aufwärts produziert, beziehungsweise produziert hat.

Kurz vor Weihnachten ist nämlich ein kleines Mißgeschick passiert, weswegen die Reise nach Japan ohnehin ins Wasser gefallen wäre. Am Tag nämlich, als die Grati kam und als der Werner am Ehrenplatz für schwer Lebergeschädigte Platz nahm und um einen „Conny Speziale" bat, passierte die Sache.

Der „Conny Speziale" ist ein Knock-out-Getränk nur für Berufstrinker, in dem außer dem Spülwasser fast alles drin ist, was es hinter der Bar an Flüssigkeiten gibt. Als Krönung der wahrhaft umwerfenden Mixtur gibt der

Conny dann immer noch im Direktflug ein rohes Ei auf das Atomgemisch.

An jenem Abend aber war der Werner mit dem Gewohnheitstrinkerflip nicht so recht zufrieden. „Des Gaggerla", monierte er, „des schdingt. Wennst nu a Schtund gwart häst, nou dät in mein Glos wohrscheins a Ziiberla rumschwimma."

Der Conny konnte keine Nebengerüche feststellen, mixte dennoch erneut und ließ zum Finale wieder ein rohes Ei in das Alkoholbad eintauchen. „Des is aa schdingert", sagte der Werner und ließ den Cocktail erneut zurückgehen.

Nach dem vierten oder fünften Male muß es dann passiert sein. Der Werner konnte sich nur noch undeutlich erinnern: „Aff amol hob i a Ei im Gsicht ghabt, i hob nix mehr gsehng und nou hots aff mein Kupf an Schlooch dou wäi mit an Hammer. Wäi i widder aafgwacht bin, war mei Grati fort – 300 Mark und 20 Bfennig."

Der Mixer Conny mit dem Eiertrick bestritt alles energisch.

Und über den Verlust der ohnehin kargen Weihnachtsgratifikation wußte der Conny auch was: „An Hunderter hout er nu ghabt, wäi er flach gleeng is. Un den hob iich gnumma, wall a ‚Speziale' an Zwanzger kost und fünf Mal zwanzg hundert is, odder?"

Ganz ging die Rechnung vom Conny nicht auf. Der Werner hatte nämlich auf seinen Eid genommen, daß es Dreihundert waren und jetzt muß der Conny wegen Diebstahls neun Monate in die Zellenstraße und nicht nach Sapporo.

In der Laufamholzer Heide geh ich auf und geh ich ab

Mangels eigener sturmfreier Belustigungs-Bude hatte der seitenspringende Otto zwei genüßliche Stunden mit seiner Gostenhofer Konkubine am lauschigen Waldrand verbracht. In seiner Liegesitz-Limousine weit weg vom Betrieb der Großstadt und von der argusäugigen Frau Gemahlin. „Dernooch", rekonstruierte der Herr Kronzeuge die folgenschweren Schäferstunden, „wäi mer widder hammfohrn wolldn, is mer däi Schäbberkistn ums Verreckn nimmer oogschbrunga."

Die Grillen zirpten, die Abendsonne stand schon tief über der Laufamholzer Heide und der Otto fummelte ölverschmiert und aufgeregt mit einer Zahnbürste über die Zündkerzen. „Um siemer mou i derhamm sei", beschied er seiner außerehelichen Drimm-Dich-Gefährtin, „sunst wor des heit es letzte Mol." Doch der asthmatische Viertakter rührte und rührte sich nicht.

Wie der Otto schon geistig die Rachefaust der Gattin über sich schweben sah und das unerbittliche Nudelholz, da erschien auf dem Waldweg plötzlich ein junger, oberarmkräftiger Samariter. „Dich schickt der Himml, Herr Nachbar", jubilierte der Otto, „kennst mer net a weng ooschäim helfn." Das nicht, schränkte der Jüngling ein und erklärte, daß er es mit den Bandscheiben hat und daß ihn das anstrengende Autoanschieben leicht wieder auf's Krankenlager werfen könnte. „Obber mir kennas ja suu machn", schlug er vor, „daß nern iich oolaß und du und dei Madler, ihr schäibt alle zwaa."

Der Otto war mit einverstanden und beim dritten Schub röhrte der Motor wieder. Der hilfreiche Spaziergänger am Steuer gab durch Handzeichen und Hupen zu verstehen, daß alles in Ordnung ist und verschwand in Richtung Hauptstraße. „Des is scho richti", tröstete der Otto seine unruhige Thusnelda, „der bringt nern etz richtich aff Duurn und nou werd er widder zrickkumma."

Wie der Halbmond hinterm Schmausenbuck auftauchte und die Glühwürmchen zum Nachtflug im Unterholz starteten, glaubte auch der Otto nicht mehr an die Rückkehr des freundlichen Helfers. Franz hieß er mit Vornamen und vor Gericht wies er den Vorwurf des Diebstahls weit von sich. „Iich wollt nern a weng naafjoong und aff amol is mer der Motor widder gfreckt und nou hob i den Karrn schdäih loun."

Weil der „Karrn" aber erst drei Tage später und am anderen Ende der Stadt von der Polizei entdeckt wurde, glaubte der Herr Rat dem Franz und seiner Menschenfreundlichkeit nicht so recht. Wegen „unbefugter Inanspruchnahme eines Fahrzeuges" hielt das Gericht drei Monate mit Bewährung für angemessen.

„Des nitzt mer alles nix", klagte der Otto nach dem Schuldspruch, „mei Alte hout di Scheidung scho eigreicht."

Die Sternschnuppen vom Großstadthimmel

Zerknittert an Sakko und Seele stand der Bruno vor dem Richtertisch und plädierte laut und nachdrücklich auf Unschuldig. Die Referenzen vom Bruno waren nicht gerade zum Weiterempfehlen. Rund dreißig Male hatte man dem freien Mitarbeiter der Firma Knack & Klemm einschlägige Eintragungen in sein Gebetbuch verpaßt, so daß der Bruno die Gostenhofer Freiheit nur vom Hörensagen kennt.

Nur einen Tag nach Beendigung einer seiner zahlreichen, staatlich verordneten Kuraufenthalte in der Mannertstraße hatte ein Nachtwächter den Bruno schon wieder erwischt. Mit einem mittleren Brecheisen in der Hand stand er in einer lauen Juninacht vor einem Mercedes. Geklirrt hatte es kurz vorher, sagte der Nachtwächter, und das hintere Bullauge des Autobahn-Dampfers war eingeschlagen.

„Hom Sie", fragte der Bruno seinen Häscher, „gsehng, daß iich däi Scheib'n neighaut hob, hä?" Das hatte der Nachtwächter nicht. Da bekam der Bruno Oberwasser und erzählte dem Herrn Rat eine Geschichte, daß es dem leidenden Christus hinterm Richtertisch die Mundwinkel nach oben zog.

Seinen Abendspaziergang hatte der Bruno gemacht, wegen der guten Luft, und auf Sternschnuppen hat er den Großstadthimmel untersucht. Weil man da bekanntlich einen Wunsch frei hat. Vor ihm ist ein Unbekannter gelaufen, von dem weiß er nur, daß er einen langen Mantel angehabt hat und einen Hut. Da wurde der Bruno von seinen himmlischen Beobachtungen abgelenkt. Auf einmal nämlich hat es geklirrt und der Schlapphut hat in den Mercedes gelangt.

Der Bruno hat das gar nicht begreifen können, daß an so einem friedlichen Sommerabend jemand so verwerfliche Sachen machen kann. Deswegen hat er sich auch gefreut, daß der Herr von der Wach und Schließ gleich da war mit der Hacke. „Und ob Sie's glaam odder net", berichtete der Bruno weiter, „aff amol wor i selber in der Bedrullje. Wäi i an den Mercedes dortn wor, schreit der mit sein Hout aff amol ‚hob fang', iich Depp hob nerdirli hiiglangt und scho hob i des Brecheisn in der Händ ghabt. Des mou su a Reflex, odder wäi, gwen sei. Und wäi nou der Nachtwächter derher gwetzt kumma is, wor iich mit den Eisn dou gschtandn und der mit sein Hout wor fort." Der Herr Rat glaubte dem Bruno kein Wort. Aber weil ein hundertprozentiger Tatnachweis nicht zu erbringen war, sprach er den Sternschnuppenbeobachter mit den seltsamen Reflexen frei.

Georgs
Perpetuum Mobile

„Wohrscheins", entschuldigte sich der Gerch angesichts
der sehr verhauten Vorstadt-Mona-Lisa, „mou i dou
banander gwen sei wäi a Bäggla Resi, algoholischerseits,
verschtenners. Sunst wer i doch scho durchganga, wenn
ich blouß dera ihrn Schattn gsehng hätt." Die Mona Lisa
im Zeugenstand verzog beleidigt ihre frischgetünchten
Lippen und der Herr Rat verbot sich derartige Äuße-
rungen energisch.

An jenem feuchtfröhlichen Sommerabend hatte der
Gerch über die Dame im Kaninchen-Persianer auch noch
eine ganz andere Meinung. „Gäihst a weng mit an die

frische Luft, Waggerla", hatte er der Lisa ins Ohr geflötet und gleich einen kühnen Griff in die Unterwelt der Strich-Oma gewagt.

Grundsätzlich war die Lisa bereit und als der Georg den Viertelstundenlohn von zehn Mark bar entrichtet hatte, durfte er in der städtischen Bedürfnisanstalt gleich um die Ecke an der wollüstigen Witwe arbeiten. „Däi hot net amol ihrn Mantl auszuung", beschwerte sich der Gerch nachträglich, „und a Unterhuusn houts aa kanne ooghabt." Das fehlende Bereitschaftshöschen war für den Kriminalfall unerheblich und daß die Lisa ihren Mantel angelassen hatte, leichtsinnig. Denn während der Arbeit geriet die suchende Hand des Clo-Liebhabers in die Manteltasche und nach Hosenladenschluß war der Gerch wieder in Besitz seines Zehners. Beide erleichtert – der Gerch um seinen Überdruck, die Lisa um ihr Honorar –, nahmen sie hinterm Maßkrug Platz.

Nach einer knappen halben Stunde war es beim Georg wieder so weit. Er schob den bereits benützten Zehner durch die Bierpfützen des Stammtisch: „I kennt scho widder – gäihst nu amol mit naus." Die Lisa freute sich über den Doppelverdienst und stellte sich in der lauschigen Befreiungshalle ihrem strammen Freier zum zweiten Mal. Doch jetzt war die Lisa wachsam: „Aff amol merk i, wäi mer der in der Taschn umananderfingert." Abrupt unterbrach die Mona Lisa die Verbindung, schloß messerscharf, daß sie in gleicher Weise schon einmal um den Liebeslohn gesprellt wurde und verlangte sofortige Nachzahlung: „Du Dreegsau kenntst ja mit der Tour zwaa Wochn um zeha Mark aff mir umananda hupfn." Auch der Herr Rat hielt das Perpetuum mobile vom Gerch nicht für die feine englische Art und bedachte ihn wegen Diebstahls mit einer Freiheitsstrafe von sechs Monaten.

Die Gibitzenhofer Philharmoniker

So eine Faschingsfeier, sagte der Wirt des Bierdimpfel-Asyls in der Gartenstadt, hätte er in seinem ganzen Leben noch nicht mitgemacht. Beiläufig fünfzehn Stammgäste wären an dem denkwürdigen Samstagabend auf Nimmerwiedersehen verschwunden, die Bedienung würde jetzt noch sechs Wochen danach wegen eines angeblichen Nervenschocks krank feiern und sein Rauhhaarzamperl, der Willi, ist an der Staupe verschieden, was vermutlich auch mit dem damals verpflichteten Zwei-Mann-Symphonieorchester zusammenhängt.

Angegangen ist es zwei Tage vor dem bereits öffentlich plakatierten Kappenabend damit, daß die Zwanzig-Pfennig-Kapelle von der Firma Wurlitzer ihren Geist aufgegeben hat und auch durch heftige Faustschläge keine Egerländer- und keine Badenweilermusik mehr zu hören war. „Nou hob i", erklärte der Wirt im Zeugenstand, „glei neber mir im Milchloodn an Zettel glesen, daß zwaa fersierde Musigger am Samsdoch Zeit hättn." Der arg in Not geratene Zapfhahn-Chef engagierte die zwei Gelegenheitsvirtuosen noch am selben Tag auf Verdacht.

Warum er, wollte der Herr Rat wissen, entgegen aller Gepflogenheiten die recht satte Gage schon vorher ausbezahlt habe. „Des wor asuu", erläuterte der Wirt,

„däi sin kummer – der aa middera Drombeedn, wou wohrscheins in Kaiser Korl seinerzeit scho sei Geborzdoochsschdändler blousn worn is, und der ander midderer Blechdromml und anner Gidarrn, wou blouß nu fimbf Seidn draff worn – und hom gsacht, daß vierhundert Märgler kost und daß blouß oofanger, wenn die Kulln gloffn sin.“

Fast eine Stunde lang haben sich die zwei Gibitzenhofer Philharmoniker nach dem Honorarempfang erst einmal Mut angetrunken. „Wäis nou endli oogfangt hom“, erinnerte sich ihr kurzfristiger Arbeitgeber mit schmerzerfülltem Gesicht, „worns vull wäi die Bengerz ba Hochwasser.“

Entsprechend fielen auch ihre musikalischen Darbietungen aus. Der Tusch zum Faschingsauftakt hörte sich an wie die Unvollendete vom Zupfgeigenhansl und der anschließende Wiener Walzer hatte eher Ähnlichkeit mit einem Richard-Wagner-Verschnitt.

„Obber wissen S' wos dann kummer ist“, fragte der Zeuge der Anklage. Der Herr Rat wußte es nicht. „Nou homs alle zwaa ihre Inschdrummendn hiigschmissn und hom bloß nu gsunger. Und immer esselbe: Ein Prosit der Gemütlichkeit – sechs mol hintereinander, i hobs miidzähld.“ Punkt 22 Uhr, als das Lokal ohnehin schon fast leer war, verschwanden auch die beiden Künstler samt Gage.

Wegen Betrugs soll jetzt jeder von ihnen sechshundert Mark in die Staatskasse einzahlen. Nur unter der Bedingung, sagte der Bandleader, wenn der Wirt ihre konfiszierten Instrumente wieder zurückgibt. „Däi konnst scho hoom“, flüsterte der beim Hinausgehen, „obber anns nachm andern affn Kupf naaf.“

Rohplatin zum Überwintern

Der Bruno hatte schon fast die ganze Laufbahn eines gestandenen Selfmademans hinter sich: Tellerwäscher, Autoputzer, ein Jahr und sechs Monate wegen Einbruchdiebstahls, Mäusedompteur im Wanderzirkus, Karussellschieber. Was ihm auf seiner steilen Karriere noch fehlte, war der endgültige Durchbruch in die Hochfinanz.

Vor einem halben Jahr war es fast so weit: Im Leihhaus-Smoking und mit einem gebrauchten Berater-Köfferchen in der zarten Hand, läutete er an der Wohnungstür von der Luise. „Grüß Gott und herzlichen Glückwunsch", begann der Bruno sein Verkaufsgespräch. „Sie sin vo meiner Firma auserwählt." Bevor die Luise fragen konnte, wozu und warum, hatte es sich der clevere Klingelputzer auf dem Sofa bequem gemacht.

„Iich nimm oo", erkundigte sich der Bruno mit seiner Maschinengewehr-Waffel, „Sie wissn Bescheid. In der Zeitung is aa scho gschtandn." Die Luise schüttelte ihren Kopf. „Ner ja is worscht. Jednfalls is alles beschissn ba uns. Di Weggler sin widder deierer worn, der Milchbreis zäicht oo – mit ann Wort: woust hii schaust is Imbflazion." Die Luise sollte sich aber keine Gedanken machen, weil sie trotz der widrigen Wirtschaftsentwicklung fein heraus ist.

Das Geheimnis, mit dem man die ökonomische Sintflut überleben könne, heißt Rohplatin. Sagte der Bruno und legte einen kohlrabenschwarzen Stein auf den Tisch des Hauses. „Wenns den Schdaa in fimbf Johr zon Jubelier droong", erläuterte der Vermögensbildner, „und loun nern für a boar Bfenning umwandln in richtigs Bladin, nou sins finanziell ausn Schneider."

Nach einer Viertelstunde war die Luise von dem selbstlosen Retter des Vaterlandes hellauf begeistert und erwarb vier Brocken Rohplatin zu je 50 DM.

Zwei Monate später bat die Luise einen benachbarten Edelstein-Experten, einen der Platin-Barren in Bargeld umzufunktionieren. „Wäi mi der gfroocht hout", berichtete sie dem Herrn Amtsgerichtsrat, „ob iich derhamm an Uufn hob odder a Zentralheizung, is mer scho a weng andersch worn. Ner ja, und dann hot er gsacht, daß des ka Rohplatin is, sondern a Schdickler Kulln und daß i mit däi vier Breckerla kaum iibern Winter kumm."

Wegen Betrugs wurde der Kohlenhändler Bruno zu 14 Monaten unbezahltem Urlaub verurteilt.

Der Stoff aus dem die Träume sind

Die Turmuhr schlug Mitternacht, überm Pegnitzgrund hing der Vollmond, zwei Grillen klapperten im Gebüsch mit ihren musikalischen Oberschenkeln und auf einer Bank vom Vorstadtverein bereiteten sich der Hanni und die Monika auf ihr erstes Erlebnis vor. „Du moußders in Mund naischäim", flüsterte der Hanni, „und langsam zergäih loun."

Für je zehn Mark hatte der Bräutigam am Joint-Center in der Luitpoldstraße zwei Tabletten gekauft, die ihm ein Jungdealer als Geheimtip offeriert hatte. „Des is a Mischung aus LSD und Hasch", hatte der ambulante Stoffhändler seine Ware gepriesen, „wennsd des nooschluggst, dou maanst, du bist im Himml."

Gleichzeitig schoben sich die zwei auf der Bank die himmlischen Tabletten unter die Zunge. Erst prickelte es angenehm und der Hanni glaubte, daß sein Bewußtsein schon das Gären anfängt, doch dann war auf einmal zwischen den Zähnen der Teufel los.

Es brodelte und zischte, die Monika hatte Schaum vorm Mund und beim Hanni tropfte das vermeintliche LSD mit Überdruck aus der Nase. „I hob gmaant", jammerte die Moni, als sie wieder reden konnte, „dou werd alles bunt und schäi und mer sicht Sachn, däi wou mer in sein Lebn nunni gsehng hot."

Die Überdosis Brausepulver stellte sich bei der amtsärztlichen Untersuchung als eine kalciumhaltige Tablette heraus, die pro Stück dreißig Pfennig kostet und von Stammtischbrüdern wegen ihrer beruhigenden Wirkung auf den Magen nach längeren Bierabenden geschätzt wird. Allerdings darf man sie da nicht pur einnehmen, weil es einem sonst von der Kohlensäure die Plomben aus den Zähnen drücken kann, sondern man muß sie in Wasser auflösen.

Außer den Katertabletten hatte der Trip-Vertreter aus der Luitpoldstraße an seine meist unerfahrene Kundschaft noch Brusttee verkauft – als afghanischen Hasch, zehn Gramm um fünf Mark – und je nach Laune Kaptagon oder Pervitin, das sich beim Feierabend-Chemiker als wirkungslose Pfefferminzpille herausstellte. Wenn man von der Wirkung gegen Mundgeruch absieht. Nur für den Eigenbedarf hatte man bei dem Bonbonhändler zwei echte Fladen Hasch entdeckt.

„Glaams mers, Herr Richter", versprach der Robert, „i verkaaf nie mehr wos. Nix echts und aa kanne Pfefferminz."

Der Herr Richter glaubte es und setzte die neun Monate wegen Betruges und Vergehens gegen das Opiumgesetz zur Bewährung aus. Nur der Hanni war noch sauer. „I hob heit nu", schimpfte er, „Sodbrenna vo den sein LSD."

Das Sammelgenie mit dem Havanna-Kistchen

Einen recht schönen guten Morgen wünschte der Ernst kurz vor der Vesperpause und plazierte sein Havanna-Kistchen samt Sammelliste auf dem Schreibtisch vom Herrn Abteilungsleiter. „Die Meieri drohm in der Versandabteilung", verkündete er, „hot etz entbundn. Wenger wäi zwaa Märkla hot kanner gehm."

Der Herr Chef wagte einzuwenden, daß er für die frischgeborene Tochter der Frau Meier doch erst vor einem viertel Jahr fünf Deutsche Mark gespendet habe. Und es müsse sich entweder um einen Irrtum oder um ein medizinisches Wunder handeln.

„Kanns vo denner zwaa", beruhigte der Ernst souverän, „vuur an värtl Johr – des wor die Meieri vo der Lohnbuchhaltung." Und nach einer rhetorischen Kunstpause leckte der Ernst den Kopierstift an und erkundigte sich, ob er auch in dem Fall einen Fünfer buchen dürfte. Er durfte.

Leutselig erklärte der Ernst noch, daß man um den Erlös wahrscheinlich einen Kinderwagen erstehen wird, weil die junge Mutter mit irdischen Gütern nicht so sehr gesegnet sei. Da wären dem Herrn Vorsteher beinahe die Tränen gekommen und angesichts seiner eigenen geordneten Lohntütenverhältnisse legte er noch einen Fünfer drauf.

In der Mittagspause erkundigte er sich im Versand nach der bedauernswerten Frau Mama und kurz vor Feierabend wurde der Ernst in einem gut vergitterten Dienstwagen, flankiert von zwei blauen Uniformen, aus dem Fabrikgelände chauffiert.

In der Versandabteilung hatte es nämlich weder eine frischgebackene Mutter, noch eine Frau Meier gegeben. Auch die Hochzeit von dem technischen Zeichner eine Woche vorher erwies sich als eigennützige Fiktion vom Ernst, ebenso wie die Verlobung eines Hausmeisters und der 50. Geburtstag des Kollegen aus der galvanischen Abteilung. Selbst die Kollekte für den Kranz einer plötzlich verstorbenen Putzfrau war in die Taschen vom Ernst geflossen und auch der stattliche Betrag, für den der Profi-Sammler einen Freßkorb zum 20jährigen Dienstjubiläum eines gewissen Herrn Schmidt kaufen wollte. Alle Kollekte-Empfänger waren erfunden.

Wegen fortgesetzten Betruges muß der Ernst jetzt tief ins Havanna-Kistchen greifen: Sechs Monate mit Bewährung und eine Geldstrafe von 1500 Mark hielt das hohe Gericht angesichts der Unverfrorenheit für angemessen.

„Vielleicht", sagte ein mitfühlender Hinterbänkler, „daß etz anner firn Ernst sammelt."

Der Fred und sein Schuttplatz-Sortiment

Ein sanfter Spätnachmittag lag über Ziegelstein, die blaue Stunde für die Hausfrau, röstfrisch roch es vom Gasherd, die Sofie zählte mit tiefer Befriedigung ihr Haushaltsgeld. Über der Gangtür hing eine ölgemalte Zweizentner-Sau mit der Aufschrift „Tritt ein, bring Glück herein".

Wie der Kaffee fertig war, läutete es Sturm. Die Sau wackelte wie ein wildgewordener Perpendikel, weil neben ihr die Klingel befestigt war. „I hob ibberhabbts ka Zeit net", schrie der Herr mit dem wehenden Arbeitsmantel schon im Treppenhaus, „wenns mer dou vielleicht schnell unterschreim kennt."

Eine größere Lieferung Kosmetik-Artikel für die Nachbarin im dritten Stock habe er abzuliefern und zu kassieren, erklärte der Herr, und die Nachbarin ist nicht da

und der Karton steht unten und ob die Sofie die läppi-
schen zweihundert Mark vorstrecken könnte.

„Naa", sagte die Sofie, „des koo i net, wall i doch net
bläid bin. Es kennt ja sei, daß die Nachbarin aff amol
sacht, sie will des Kosmetik-Zeich net. Nou koo i mer
meine zwaahundert Mark ans Baa schmiern."

Aber wie es so ist, wenn Hauslieferanten jünger sind,
nach zwei Minuten durfte Fred die zweihundert Mark
kassieren.

„Gräich i dou", erkundigte sich die Sofie beim Abschied,
„kann Durchschlooch vom Lieferschein?" Der liegt unten
im Karton, sagte der Fred und verabschiedete sich eilig
wegen des nahen Feierabends. Eine Viertelstunde hielt es
die Neugier von der Sofie aus. „Und nou, Herr Richter",
schimpfte sie im Zeugenstand zwei Monate später, „bin i
noo ins Baderr und dou is scho a Kardong gschtandn.
Obber wos maaners, wos dou drinner wor?"

Der Herr Amtsgerichtsrat wußte es aus den Akten:
keine Kosmetikartikel, sondern alte Putzlumpen, leere
Bierflaschen, ein zerbrochener Blumentopf, zerbeulte
Nivea-Dosen und unten zwei neuwertige Backsteine.

Den Lieferanten, den blonden Fred mit den blauen
Augen, hatte man zwei Tage später erwischt, wie er zwei
Häuser weiter wieder so ein Schuttplatz-Sortiment als
Kosmetiksendung bei der Nachbarin für zweihundert
Mark deponieren wollte.

„A Schtund lang ghärert dem der Orsch ausghaut",
forderte die entrüstete Sofie. Weil es aber die Prügel-
strafe nicht mehr gibt, verordnete der Herr Rat sechs
Monate mit Bewährung.

Zwei Hennen für vierzig Eier

In jenem Dorf der Hersbrucker Schweiz, wo der Konrad herkommt, hält man den Oswald Kolle für den Verkehrsminister, Prostitution für ein neues Düngemittel und leichte Mädchen für sowas Ähnliches wie die Ehrenjungfrauen beim Stiftungsfest der Freiwilligen Feuerwehr. Nur der Konrad ist seit seinem Betriebsausflug in die sündige Großstadt weitgehend aufgeklärt.

Eigentlich wollte er sich nach einem mechanischen Ackergaul für seine Zuckerrübenspedition umschauen. Wie ihm aber in der Novemberdämmerung am Parkplatz beim Germanischen Museum zwei ganz andere Pferdchen über den Weg galoppiert sind, hat der Konrad sofort umdisponiert. „Fiir an Zwanzger", hatte die dicke Gunda dem Kolchosen-Vorstand ins Ohr gelispelt, „derfsters ba mir amol brobiern."

Der Konrad, der trotz des fortgeschrittenen Herbstes einen unheimlichen Frühling unterm Gürtel verspürte, wollte die Kollegin auch gleich mit erledigen. „Wos mou in nou ooleeng", fragt er, „wenn i eich alle zwaa brobier?" Man vereinbarte noch einen Zwanzig-Mark-Schein und dann chauffierte der Konrad seine zwei Bräute ins nahe Zehn-Minuten-Hotel.

„Wos des fiir a Gschäft mit dem wor, Herr Richter, kennerser si gornet vuurschdelln." Die Gunda erzählte, daß ihr ländlicher Freier die zweimal zwanzig Mark zwar anstandslos aufs Nachtkästchen geblättert hat, daß er aber ein Gefühlsleben hat wie ein Eisberg.

„I glaab a halbe Schtund hommer an dem rumdou", bestätigte auch ihre Kommilitonin, „obber dou hätt net amol di Brischitt Bardot an Breis gwunner."

Verständlich, daß die zwei Triebwagenschaffnerinnen ihrem doch nicht mehr so rüstigen Kunden noch vor Geschäftsabschluß die Tür wiesen. Für den Konrad war es weniger verständlich und vor allem ganz anders: „Ich hob värzg Mark zohlt, wäi ausgmacht. Und nou homs gsacht, daß im ganzn an Hunderter macht."

Angesichts der zwei schon halbnackerten Leckerbissen wollte der Einödbauer aufs komplette Abendessen nicht verzichten. „I hob gsacht, daß i ins Auto noogäih und nu a Geld hull – sechzg Märkla, wall di värzg Mark homs ja scho ghabt." Wie aber der Konrad, kräftig wie sein Chef-Gockel am heimatlichen Misthaufen, wieder zurückgekommen ist, waren die zwei Hennen ausgeflogen und mit ihnen die vierzig Eier.

„Suu bläid is glaab i kanne vo uns, Herr Richter", argumentierte die des Diebstahls verdächtigte Gunda, „daß mer dervoo laafn, wenn anner nu a Geld hullt." Der Richter sprach das Unterleib-Duo frei.

Der Oberkellner aus der Unterwelt

Bis kurz vor Mitternacht hatte der Franz gewartet. Anschließend entnahm er seinem Leihhaus-Smoking ein blütenweißes Abspültuch, prüfte noch einmal die allgemeine Lage und stürzte sich dann auf seine Art ins Ballvergnügen. „Mach mers korz und schmerzlos", überrumpelte er ein Zweizentner-Mauerblümchen an der Parkett-Peripherie, „zwaa Boxbeitl und an Biggolo – macht zwarerdreißg Mark und fuchzg Bfenning inglusife Mehrwertschdeier."

Die halbseidene Riesendame zahlte ohne mit der Plastikwimper zu zucken und gewährte gönnerhaft sogar noch ein recht üppiges Trinkgeld. Wann ihr, wollte der Herr Rechtsgelehrte wissen, aufgefallen sei, daß das mit-

ternächtliche Inkasso nicht ganz mit rechten Dingen zu-
gegangen ist. „Zwaamol is mehr des aafgfalln", berichtete
die Zeugin der Anklage wahrheitsgemäß, „es erschte
Mol, wäi i numol aff di Gedränkekartn gschaut hob. I
hätt nemli vill mehr zohln mäin, wäi der verlangt hot."

Endgültig hatte sie jedoch das Vertrauen in den Unter-
welt-Oberkellner verloren, als eine halbe Stunde später
noch ein schwarzweiß livrierter Kassier am Tisch erschien
und zum zweiten Mal um Barzahlung bat.

In der Zwischenzeit war der Franz schon bei acht anderen Zechern mit seinem Spüllappen erschienen und
hatte insgesamt rund dreihundert Mark teils formlos,
teils gegen auffrisierte Quittungen nach Art des Hauses
eingezogen.

„I bimmer vuurkummer wäi ba der Schdorry vom
Hosn und vom Igl", berichtete der echte Kellner dem
Herrn Staatsanwalt, „wou i hiikummer bin und kassiern
wolld, dou hom di Leit gsacht, daß scho jemand dou wor.
Anner hot sugor gsacht, daß er di Bolizei hullt, wall iich
di Leit bscheißn will."

Die Polizei inszenierte dann auch eine dienstliche Polo-
naise durch den Ballsaal, wobei sie sich aber mehr um den
Franz und seine prall gefüllten Smokingtaschen küm-
merte.

Sechs Monate mit Bewährung wegen Diebstahl und
Betrug hielt der Herr Amtsgerichtsrat für angemessen.
„Wou gräich in etz mei Geld widder", fragte das doppelt
geschädigte Mauerblümchen den Gerichtsdiener, „iich hob
nemli dann bam richdigen Kellner numol zohln mäin."
„Vo mir", sagte der Herr Wachtmeister, „gräingsis jednfalls net."

Der Dumme mit der Ziehharmonika

„Ooganger is", erinnerte sich der Ludwig im Zeugenstand zurück, „wäi mir Kärwa ghabt hom und iich in
meiner Schdammwertschaft aff der Quetschn a boar Lidla
gschbilld hob." Nach der altdeutschen Schmetter-Arie vom
schönen Westerwald, wie der Hausmacher-Caruso fünf
Minuten Bierpause eingelegt hat, ist ein unheimlich seriö-
ser Herr erschienen und hat dem Gibitzhofener Dishar-
moniker erzählt, daß er in seiner Kehle einen Goldschatz
hat und daß man ihn nur heben braucht.

„Er hot gsacht, daß er Mänätscher ist fiir unentdeckte
Dalende. Und wenni an Verdrooch mit ihm mach, nou
brauch i in Zukunft blouß nu es Maul aafmachn und scho
rollt der Rubel."

Zum Leidwesen vom Ludwig war es umgekehrt: Immer wenn der Herr Impressario sein Maul aufgemacht hat, hat der arglose Zupfgeigenhansl blechen müssen. Einmal zweihundert Mark für eine Schweizer Werbeagentur, die angeblich das Image von dem Vorstadt-Heino salonfähig machen sollte, dann hundert Mark Anmeldegebühr für irgendeinen Sängerwettstreit oder zweihundertfünfzig Mäuse Vorschuß für einen Komponisten, der wegen seiner Berühmtheit dem Ludwig nur inkognito ein paar Halbtöne zusammenstellen wollte.

„Im ganzn", rechnete das Stimmbandwunder zusammen, „worns halt zwaadausend Märgla, wou i zohln hob mäin. Und wenni gfroocht hob, wos etzer mitn Rumbfunk und di Schallbladdnaufnohmer is, nou hodder immer gsachd, daß mer nix iiberschderzn derf und daß der Jürgens aa net in zwaa Schtund Weltmaster worn is."

Richtig argwöhnisch wurde der Ludwig, der inzwischen mit Künstlernamen Manuel hieß, aber erst, als er den angeblich eigens für ihn gedichteten und komponierten Erfolgsschlager bei einer Antiquitäten-Hitparade im Radio hörte und sein Manager mit unbekanntem Ziel in die ganz großen Ferien gefahren war. „Bin auf den Bahamas", hat er seinem Star in spe auf einem formlosen Zettel hinterlassen, „komme in drei Wochen wieder. Bis dahin fleißig üben."

Fleißig üben wird er jetzt selber müssen – nämlich Tüten kleben oder Strohmatten flechten – weil ihm der Herr Rat wegen Betruges neun Monate ohne in seine recht ansehnliche Kundenkartei eingetragen hat. „Des nitzt mer a nix", sagte der Ludwig, „mei Geld is bam Deifl und in meiner Wertschaft koo i mi aa nimmer sehng loun. Wall wenni dou blouß mein Kupf zur Diir neischdreck, singers alle ‚Der Dumme mit der Ziehharmonika' . . ."

Der Kommissar von Köpenick

Im ledernen Kripo-Maxi, auf dem Kopf einen Staatssicherheits-Hut und auch sonst recht geheimnisvoll, stand kurz nach dem polizeilich festgelegten Zapfenstreich ein Mann im Türrahmen einer bis zu diesem Zeitpunkt recht gemütlichen Vorstadt-Kneipe.

Die Wirtin wundermild verdrehte die Augen und mixte vor Schreck die frisch bestellte Gulaschsuppe mit einem guten Schuß Tropfbier. Dem Heiner am Stammtisch blieb der Arm in der Luft hängen, mit dem er gerade die letzten Trümpfe ziehen wollte und abgesehen von dem asthmatischen Ventilator hörte man keinen Muckser mehr in der bierseligen Kartelakademie.

Der krachlederne Kriminaler zog eine Blechmarke aus der Tasche und bat um die Ausweise der versammelten Maßkrugstemmer. „Etza hommer ein Uhr fimfadreißig", beendete der Fremde die Razzia, „des macht fir an jedn fimf Märgla und vo der Wirtin an Zwanzger."

Anstandslos trennten sich die vereinigten Nachtfalter um je einen Eisbären und das Kartler-Kombinat vom Stammtisch kam sogar noch für das Pfund auf, das eigentlich die Wirtin hätte zahlen müssen. Am schlimmsten traf es den Heiner. Als er den letzten Hunderter aus seinem Brusttaschen-Safe zog, bat der Kommissar um einen Moment Geduld: „Iich lou g'schwind wechsln vo mein Kollegn draußn und dou bring i aa gleich die Quittung miit."

Der zivile Zapfenstreich-Polizist verschwand, mit ihm 150 Mark, und kam nie mehr. Der Heiner jammerte: „Des glabbt mer doch mei Alte nie im Lebn, daß i hundert Mark bam Schoofkupfn verluurn hob."

Zwei Monate später jammerte der Feierabend-Kommissar wegen Amtsanmaßung und Betruges vor dem Amtsgericht. Dieter hieß er, aus Fürth war er, von Beruf berufslos und der blecherne Ausweis erwies sich als Hundesteuermarke.

„Des mäins doch etz gmerkt hom, Herr Richter", meinte der Dieter in seinem recht durchsichtigen Plädoyer, „daß des Ganze blouß a Faschingsgaudi wor. Des wor doch net ernst gmaant." „Warum haben's denn dann das Geld nicht zurückgegeben?" Dieter: „I bin aamol um Stock rum ganga und wäi i nou in die Wertschaft widder nei wollt, dou hom däi werkli scho zou gmacht ghabt."

Sechs Monate beantragte der Staatsanwalt. „Sinds", reduzierte der Herr Amtsgerichtsrat, „mit vier Monat auf Bewährung einverstanden?" Der Dieter war es, machte dankbar seinen Kratzfuß und ließ in Spenderlaune sogar die Hundesteuermarke als Souvenir für die Justiz zurück.

A gsunds neis Johr

Leise rieselte der Schnee, das neue Jahr war fast noch unberührt und der Anton hatte einen Rausch vom alten Jahr mit herübergenommen, daß er die Welt nicht mehr kannte. Erst um die Mittagszeit des ersten Feiertags im Jahr kam die wandelnde Sektflasche wieder einigermaßen zu sich.

Nach ambulanter Selbstbehandlung mit einem ganzen Hut voll Kopfschmerztabletten, Rollmöpsen und geschmacklosem Sprudel konstatierte der Anton zweierlei: Daß er stier war wie eine Kirchenmaus, wenn der Mesner Urlaub hat, und daß seine stark mißhandelte Leber aus Gewohnheitsgründen schon wieder nach flüssiger Nahrung verlangte. Die Stammkneipe von Anton, gleichzeitig seine private Kreditbank, war geschlossen und in der Blutspenderabteilung vom Krankenhaus verzichtete man auf die rein pragmatischen Samariterdienste des Silvestergeschädigten.

Da hatte der Anton eine Idee. Noch immer nicht ganz sicher auf den Füßen, teils wegen der Schneelandschaft, teils wegen der Promille, begab sich der Toni über die Stadtgrenze und kündigte den Fürthern das neue Jahr auf seine Weise an.

„Grüß Gott", schrie er in Hausgängen und Hinterhöfen, „die Kehrichtbauern wünsch'n a gouts neis Johr." Mit der bekannten hohlen Hand, versteht sich, und es versteht sich auch, daß der Anton in seinem Leben noch keine einzige Mülltonne angefaßt hatte. Nur um das Neujahrstrinkgeld ging es dem durstigen Glücksboten.

Siebenmal wurde der Anton fündig und mit jedem Zwickel, der in der Mütze des falschen Kehrichtbauern klingelte, wurde der Toni übermütiger. Als er im vierten Stock bei einem älteren Herrn in Doppelfunktion sozusagen die Neujahrsgratifikation für die Schlotfeger mitverlangte, da war der einträgliche Spaziergang des Anton zu Ende. Der ältere Herr schöpfte Verdacht, schon allein deswegen, weil die Müllabfuhr immer erst nach Heilig Drei Könige kommt, und alarmierte die Polizei.

Vor dem Schnellrichter schlug sich der Anton anderntags dann glänzend. „Erschtn's", begann er sein ausgetüfteltes Plädoyer, „wor i bsuffn bis unter di Hoorworzln. Zweitn's hob i net beddld, sondern a gouts neis Johr g'wünscht, und drittn's derf'n des di Kehrichtbauer aa."

Viertens wurde der Anton wohl mehr aus Barmherzigkeit vom Vorwurf der Amtsanmaßung freigesprochen und fünftens mußte die Kosten die Staatskasse tragen.

Feierabend-Show
in der Badewanne

Badezimmerfenster haben gewöhnlich die mißliche Eigenschaft, daß sie für die Feldstecher-Erotiker undurchsichtig sind wie Beton. Im Frisier-Stübchen von der Christa allerdings hatten die Handwerker seinerzeit ein Einsehen mit den lüsternen Nachbarn von der Dachboden-Tribüne: Sie setzten aus Versehen normales Fensterglas ein.

Ein paar Wochen dauerte es, dann wußte man im Hinterhof Bescheid. Zweimal nach Feierabend hatte die zweckerte Vorstadt-Lollobrigida exakt terminierte Badewannen-Shows, und zweimal am Abend wackelten auf der Gegengeraden die Vorhänge, daß man meinen hätte können, in Gibitzenhof findet die Geisterstunde schon lang vor Mitternacht statt.

Den besten Platz hatte der Gerch. Oben im dritten Stock saß er Abend für Abend, vor der Frau Gemahlin vermeintlich sicher, in der Speisekammer und spähte hinter Erbswurstsuppe und Räucherspeck auf die zwei Schinken von der Christa. „An dem Dooch, wous draff ookummt", gab die Gattin vom Gerch zu Protokoll, „bin i beschdimmd a halbe Schtund hinter dem Lustmolch gschtandn, und des gieriche Mannsbild hout ibberhabbds nix gmergd."

„Wildsau" soll die Frau Gemahlin den Gerch genannt haben, als sie ihn auf seinem erotischen Hochsitz erwischt hatte. Und dann hat sie ihm eine gelangt, daß es dem Feierabend-Spanner die beschlagene Brille vom Ohr gefegt hat. Der Volltreffer am eigenen Objekt war noch straffrei. Doch wegen der Straf-Expedition ins Vorderhaus saß die Hilde jetzt auf der Anklagebank. Wegen Beleidigung und Körperverletzung.

Trotz ihrer Körperfülle war die Hilde in Weltrekordzeit die sechs Treppen hochgerannt und hatte bei der Christa Sturm geläutet. Mit Schrecken erinnert sich die Hinterglas-Nackerte an den bebenden Racheengel: „Mei Handtuch houts mer roogrissn und nou houts mer links und rechts anne am Backn ghaut."

Wie sich die Flur-Nachbarschaft zum Zuschauen versammelt hatte, stand die Christa bekleidet nur mit Badesandalen und einem Dusch-Häubchen in der Tür und bat um polizeilichen Beistand. „Du ordinärs Weibsbild", durfte die rasende Hilde noch schreien, „du Dreegsau, du dreggerte, du wasst ganz genau, daß der jedn Dooch di Mannsbilder in dei Bodwanner nei schaua. Kennst ja a Eintrittsgeld verlanga, nou häst der vielleicht amol Vuurhäng zouleeng kenna."

Das mit den Vorhängen empfahl auch der Herr Rat der Christa, allerdings in weitaus gewählteren Worten, und von der grimmigen Hilde verlangte er für die zwei Watschn und die flammende Rede am Flur insgesamt dreihundert Mark. „Daß ders waßt", flüsterte die Hilde ihrem Alten nach dem Schuldspruch, „di dreihundert Märkla genger der vom Lohn weg."

Bruderschaft auf dem Küchentisch

In höchst hinterfotziger Weise soll der Emil bei einer Bottle-Party in seinen eigenen vier schiefen Wänden die bis zu diesem Zeitpunkt angeblich noch jungfräuliche Alma gegen deren Willen auf dem Küchentisch um die Ehre gebracht haben.

So behauptete es die Staatsanwaltschaft und so erzählte es auch die blecherne Jungfrau vor Gericht: „Ich kenne den Herrn Emil überhaupt nicht – ich bin an diesem Abend mit einer Freundin zu diesem komischen Fest gegangen und da hat er mich auf einmal gefragt, ob ich mit ihm Brüderschaft trinken will."

Die Alma wollte, doch nach dem ersten Schluck Duz-Sekt konnte sie sich an nichts mehr erinnern. Alma: „In dem Champagner müssen K.o.-Tropfen gewesen sein." Erst Stunden nach dem flüssigen Niederschlag ist die hochdeutsche Dame wieder aufgewacht. Unterm Küchentisch, ohne Slip und Kugelhalter und mit „so einem seltsamen Gefühl im Unterleib", wie sie errötend berichtete.

Der Emil auf der Anklagebank wurde auch rot, aber vor Wut: „Erschtens brauch iich kanne Tropfn, wall wenn i ann K.o. machn will, nou hau in gscheit aff di Schlebbern naaf. Zweitns hout mir däi Alte ban Tanzn dauernd wo hii glangt, wo andere net amol hiischaua. Und wäi is nou drittns in der Kichn backt hob, dou hout era des ganz gout gfalln, hob i gmerkt."

Der Herr Amtsgerichtsrat verstand die Welt nicht mehr: „Warum sind Sie denn dann von der Dame wegen Gewaltunzucht angezeigt worden?" Der Emil wußte es: „Wall aff amol drei Freind vo mir in di Kichn kumma sin. Und nou hout di Wachtl ‚Huch‘ gschria, hout ihr Huusn backt und is zur Dier nausgrennt ... Wohrscheins hout si däi schiniert und desweng hots solche Krämpf erfundn."

Die „drei Freind" vom Emil waren als Zeugen geladen und berichteten ganz im Sinn ihres damaligen Gastgebers: Daß die Alma alles andere als eine Jungfrau war und daß sie, was jeder sehen konnte, auf den Emil ziemlich scharf war.

Da bat der Richter die Alma noch einmal vor den Katheder der Wahrheit: „Können Sie das, was Sie vorhin gesagt haben, beschwören?" Die Alma konnte nicht. Unter Tränen nahm sie die K.o.-Tropfen und die Gewalt am Küchentisch zurück und der Emil wurde wegen „erwiesener Unschuld" freigesprochen.

„Es next mol", meinte der Emil, „wenn i widder wos vuur der Flintn hob, frooch i erscht, ob i dernooch oozeicht wer."

Knirps im Kreuz von der Elfriede

Die Handtasche und ein Wurstfinger von der Elfriede hingen noch im Freien, der Franz pendelte hilflos zwischen Himmel und Erde und auf dem Platz für Schwerbeschädigte saßen drei Mann übereinander. Der Flößau-Expreß war so voll, als hätte die VAG schon den Nulltarif eingeführt.

Das war dem Franz sein Verhängnis. An der Willstraße nämlich hatte die Elfriede eindeutig festgestellt, daß trotz des Winterwetters draußen hinter ihr der Frühling einsetzte.

„Wäis mer in Ruug naafzuung hout," erinnerte sich die stämmige Zeugin der Anklage, „hob i mer nunix denkt, wall des konn ja ba den Gewerch vuurkumma. Obber dann . . ." Unzüchtige Handlungen sollen hinterrücks passiert sein, beischlafähnliche Bewegungen, ein Wackeln und ein Stöhnen, daß die Elfriede ihre Schmerzen am eingeklemmten Finger gar nicht mehr merkte. An der Maximilianstraße soll es dann beim Franz geklingelt haben. „Dou houts numol gscheit gwackelt hinter mir und nou wor a Rouh", sagte die Elfriede. Und an einen harten Gegenstand im Kreuz konnte sie sich auch noch erinnern.

Was der Franz nicht einmal abstritt, auch nicht das Wackeln und das Stöhnen: „Der Gegenstand, des wor mei Knirps, also mein Reengscherm maan i. Und gschdönd hob i, wall mer däi bläide Sunna aff mein Hühnerauch draffgschdandn is." Das angeblich erotische Wackeln kommt, meinte der Franz, daher, weil die Nürnberg-Fürther Straßenbahnen nicht gerade auf Luftkissen durch die City gleiten.

Verdächtig aber kam dem Herrn Rat vor, daß der Franz genau nach der von der Elfriede festgestellten Erleichterung an der Maximilianstraße hastig und ohne zu zahlen ausstieg. „Da war wohl", fragte der literarisch bewanderte Rechtsprecher, „Endstation Sehnsucht?"

„A Dreeg wor", parierte der Franz, „erschntns hob i zohlt, wall i a Wochnkartn hob und zweitns steich i mastns an der Maximilianschdraß aus, wall i dou nemli wohn."

Wegen dem „Dreeg" mußte der Regenschirm-Erotiker fünfzig Mark Ordnungsstrafe einzahlen, aber von der Anklage wurde der Franz freigesprochen.

Totenhand unterm Rock

Fünf zu eins stand es gegen den Josef gleich ein paar Minuten nach Spielbeginn, und die Aussicht auf einen Sieg für den in Ehren ergrauten Karussellschieber war gering. Wegen „unzüchtiger Handlungen" stand der Sepp vor dem Amtsrichter. Fünf nicht mehr ganz taufrische Damen waren aufgeboten, dem Geisterbahn-Chauffeur Verfehlungen unter der Gürtellinie nachzuweisen.

„Des wass i nu ganz genau", begann die erste Zeugin des Krampfadern-Geschwaders, „des wor an an Sunndooch, wäi mer am Volksfest worn, wou i mit mein Altn Geisterbahn gfohrn bin."

Nach der dritten Kurve soll es gewesen sein, dort wo der Tod von Forchheim steht und den Gruselwallfahrern mit seiner Plastikhand einen Hauch von Hitchcock vermittelt.

An jenem Sonntag, so die Damenriege, war die Knochenhand nicht aus Kunststoff, sondern aus Fleisch und Blut: „I hob mi vuur lauter Angst an mein Altn hii drickt – aff amol merk i, wäi mer anner richti untern Ruug noo langt."

Damals hatte der Sepp Innendienst in dem Pappmaché-Labyrinth des Grauens – mithin kam nur er in Frage für die verbotenen Fingerspiele. Der Sepp war da, versteht sich, anderer Meinung: „Erschtns bin i scho gout sechzg Jährla alt, zweitns hob ich suwos nu nie in mein Lehm gmacht und außerdem: Wenn i mer däi Weiber dou ooschau, dou hätt i mer hechstens in mei eichne Huusn glangt."

Die derart diskriminierten Damen beschworen alle fünf „bei Gott dem Allmächtigen" den höchst unzüchtigen Griff an die Oberschenkel, aber an das Gesicht des Geisterbahn-Greifers konnten sie sich nicht erinnern.

„I glaab", maulte eine, „Sie sin nu nie in der Geisterbahn gfohrn – dou sigst net amol di Händ vuurm Gsicht." Von den Händen unterm Rock und dem Gesicht des Handlangers ganz zu schweigen. Noch dazu konnte sich der Boß des dunklen Gruselunternehmens auch nicht mehr so ganz genau erinnern, ob der Sepp damals tatsächlich Innendienst gehabt hatte.

Aus der anfänglich drohenden Niederlage wurde ein haushoher Sieg: Mangels Beweises sprach das Gericht den Karussellschieber frei. Wahrscheinlich war es doch der Tod von Forchheim, denn, so der Josef: „An solche Weiber langt doch ka Lebendicher hii."

Weiche Landung
auf der Wirtin

„I konn blouß anns soong", beteuerte der Anton mit
einem Blick, daß es den weiblichen Hinterbänklern im
Amtsgericht das Weihwasser in die Augen trieb, „i bin
unschuldich und wenn i in dera Nacht net mei Brilln vergessen hätt, nou hockerdi ibberhabbs net dou."

Ein Samstag ist es gewesen, kurz vor Mitternacht und
die Mistgabel-Soiree in der Aischgründer Einöd-Wirt-
schaft ist langsam zu Ende gegangen. Der Anton persönlich hat am Stammtisch das Wort zum Sonntag gespro-
chen. „A Schorle-Mäßla gib i nu aus", hat er verkündet,
„nou gäih i hamm." Wie fast jeden Samstag hat sich der
kurzsichtige Jung-Bauer dann aber an den zwei Zentnern
von der Wirtin vorbei in die Schnitzelwerkstatt geschli-
chen.

Wie lange, wollte der Herr Amtsgerichtsrat wissen, das
Verhältnis mit der Köchin damals schon bestanden habe.
Von einem Verhältnis, sagte der Anton, hat keine Rede
sein können, sondern er ist meistens am Wochenend
nach der Sperrstunde vor der Anneliese ihrer Tür gestanden und hat geklopft und wenn sie Lust gehabt hat, dann
hat es meistens bis früh um vier oder um fünf gedauert.

An jenem Samstag im Januar hat der Wochenendspaß von Anton aber höchstens ein paar Sekunden gedauert. Die Chefin von der Karpfen-Zentrale, die ihre Witwenkammer direkt neben der Werkstatt von der Anneliese hatte, konnte sich noch ganz genau erinnern: „Erscht hob i aff der Dreppn wos knarzn gheert und nou is mei Diir aafganger und der Toni is vuur mein Bett gschtandn. I hob nern genau gsehng, wall der Mond zum Fenster reigscheint hot."

So schnell hat die Frau Wirtin gar nicht schauen können, da ist der Anton oben und unten ohne vor dem Himmelbett gestanden und hat um Einlaß gebeten. „Pack mers widder", soll er geflötet haben und mit dem bekannten Tigersprung auf dem zu Tod erschrockenen Doppelzentner weich gelandet sein. Während ein Zimmer weiter die Anneliese in ihrer Rupfen-Reizwäsche vergeblich auf die samstägliche Bettstatt-Gaudi wartete, ist dem Toni nebenan im Kampf mit der Wirtin langsam die Luft ausgegangen.

„Wäis is schreia oogfangt hot", sagte der Toni, „hob i erscht gmerkt, daß i di Falsche derwischt hob. Nou bin i nerdirli aaf und derfoo – net amol mei Huusn und mei Jackn hob i in dem Gwerch miidgnummer." Nur leicht bekleidet erreichte der Kemenaten-Schreck den eigenen Hof mit Müh und Not.

Trotz Tigersprung und Schamverletzung wurde der Anton wegen des Angriffs auf die füllige Ehrenjungfrau freigesprochen, weil die Anneliese mit hochrotem Kopf und bei Gott dem Allmächtigen schwor, daß es wirklich nur ein Irrtum gewesen sein konnte. „Däi hot mi ja blouß oozeicht", sagte der Brillen-Toni nach dem Urteil mit einem scheelen Augenaufschlag auf die Wirtin, „wall i durchganger bin."

Nacktbad
im Gummi-Pool

„Schluß mit der Platzangst im Freibad – Spielen Sie Ihren eigenen Bademeister – Schon ab 325 Mark." Nach zwei oder drei verchlorten Wochenenden im städtischen Arbeitnehmer-Grill hatte der Robert das Herdenschwimmen leid und nahm das 325-Mark-Angebot aus dem Kaufhaus an. Eine Woche später war er stolzer Besitzer eines aufblasbaren Drehwurm-Bassins – einszwanzig tief, Durchmesser nicht ganz drei Meter. Doch eine Woche später wurde der Vorgarten-Bademeister zur Kripo geladen. Er hatte, wie es hieß, die Öffentlichkeit sittlich erregt.

Die Öffentlichkeit war beiläufig zwei Zentner schwer, breiter als lang, wohnte gegenüber vom Robert und heißt Elsbeth. An einem Samstagabend Ende Juni hatte der Robert in seinem Gummi-Pool das Schamgefühl der Elsbeth empfindlich verletzt: „Iich hob vuurn Bettgäih nu a weng frische Luft schnabbn wolln. Rein zufälli schau i in den sei Gärtla niiber und dou hob i gmaant, i sich net recht – schdäiht di Sau nackert in der Wiesn."

Trotz des Neumondes hatte die Elsbeth ihren nackerten Nachbarn mit allen Feinheiten genau ausmachen
können, weil beim Robert das Licht auf der Terrasse noch
gebrannt hatte.

„Es is obber", frohlockte die nächtliche Tribünenzu-
schauerin, „nu vill schlimmer kumma – aff amol hout er
zu mir naaf gschaut und hout si unten hii glangt, wissen'S scho wou."

Der Herr Rat wußte und fragte den unzüchtigen
Robert, ob das so stimmt. Es stimmte nicht ganz: „Fraali
bin i nackert in mein Basseng gschwumma. Obber des wor
ja scho bal Mitternacht und dou schaut mer doch nor-
malerweis nimmer zon Fenster roo."

Zudem hatte die erregte Öffentlichkeit oben im zweiten Stock kein Licht im Zimmer gehabt und war mithin
für den textilfreien Planscher unsichtbar. „Wenn iich a
Sau sei soll", entrüstete sich der Robert, „nou is däi a
Dreegsau. Wall, wenns miich froong, nou hout dera des
gfalln, daß iich nix ooghabt hob."

Erst nach einer guten Viertelstunde hatte er die stiel-
äugige Elsbeth auf ihrem Beobachtungsposten entdeckt.
„Nou hob i mi rumdreht und aff mein Hintern zeicht."
Eine exklusive Pantomimen-Vorstellung, die der Elsbeth
am Fenster das Götz-Zitat signalisieren sollte.

Der Robert wurde im Namen des Volkes freigesprochen, weil die Elsbeth zwar sicherlich erregt war, ihr
Schamgefühl aber nicht verletzt wurde. „Mein Swim-
ming-Buul verkaaf i etzer", sagte der Robert nach der
Verhandlung zur Nachbarin, „und wennst mi nackert
sehng willst, nou moußt in Zukunft am Flachweiher
nausgäih."

Die fünf Daumen vom Fritz

Wenn der Fritz an der rechten Hand keinen Daumen hätte und im Kopf nicht so viel horizontales Gedankengut, dann hätte er sich wahrscheinlich den Bußgang in die Flaschenhofstraße sparen können.

Fünfmal, hieß es in dem amtsrichterlichen Einladungsschreiben, hätte der Fritz mit eindeutigen Fingerübungen honorigen Spaziergängerinnen angedeutet, daß es bei ihm schon Frühling ist. Ob er es zugibt, wollte der Richter wissen, weil man sich dann die peinlichen Befragungen des Damenkränzchens sparen könne. „Wenn i wissert, wos", sagte der Fritz, „kennt is scho zougehm, obber i wass nix."

Die Gisela, eine hochpfündige Endvierzigerin, erzählte als erste bei Gott dem Allmächtigen, was für eine Sau der

Fritz ist. Die Sau mußte sie zurücknehmen wegen der Würde des Gerichts und auch sonst war nur wenig protokollreif. „Der is hinter mir gloffn", erinnerte sich die Gisela, „odder naa, entgeng kummer is er, glaab i, und dann hot er gfroocht, ob wos läfft und mit di Finger hot er deit."

Wie mit den Fingern gedeutet? „Ner ja, halt suu wäi mers macht, wemmer wos machn will, wissn S' scho." Ob sie es vormachen kann? „Naa, dou vuur di haafn Leit mach i des net."

Der Herr Jesus am Kreuz an der Wand schloß die Augen und der Herr Rat klemmte den Daumen zwischen Zeigefinger und Mittelfinger. „Allmächt", hauchte die Gisela, „genau asu hot ers gemacht."

Viermal noch mußte der Vorsitzende die Fingerübung wiederholen und viermal bestätigten ihm die daumengeschädigten Damen, daß es der Fritz so gemacht hat und daß sie sich genau an ihn erinnern können. „Im Gsicht", fügte die Gisela ihren Aussagen noch nachträglich hinzu, „hot er aa su gierich ausgschaut und zuckt hot er dauernd." Auch im Gesicht.

In seinem Hausmacherplädoyer räumte der Fritz ein, daß es schon stimmen wird, wenn sich die fünf Frauen genau erinnern können. „Obber i sich net ei", sagte er zum Schluß seiner hörenswerten Ausführungen, „worum des griminell is. Herr Richter, Sie homs etzer doch aa fimbf mol suu gmacht mitn Dauma, des mäissert doch aa wos kostn."

Es kostete fünfzig Mark Ordnungsstrafe, wieder wegen der Würde des Gerichts, und zweihundert Mark wegen Beleidigung in fünf Fällen.

Der Asthmatiker
hinter der Mauer

Obwohl die Elfriede jede Nacht aus beruflichen Gründen mindestens zehnmal sieht und spürt, wie Männer unter der Gürtellinie gebaut sind, hat sie sich ein ganz besonders feines Schamgefühl bewahrt. Und das soll der Willibald an einem Montag in der Abenddämmerung empfindlich verletzt haben. So empfindlich, daß die Strichdame vom Zwanzig-Mäderl-Haus an der Frauentormauer Anzeige erstattete wegen Erregung öffentlichen Ärgernisses.

Erregt war an dem Montag zunächst einmal der Willibald, woran sich die Elfriede noch ganz genau erinnern konnte. „An den Dooch", erzählte sie dem hohen Gericht, „is es Geschäft net bsonders gloffn. Und der Kaschber dou hot si scho zwaa Schtund an mein Fenster umanan-

der driem und immer wenn in gfroocht hob, ob er net
aff an Schbrung reikummt, is er roud worn wäi di Feier-
wehr und hod in Kupf gschiddld."

Wie die Abendsonne auf die zwei fast freiliegenden
Halbkugeln von der Elfriede gefallen ist, hat der Willibald dem Druck von innen nicht mehr standhalten können. Statt für zwanzig Mark Bettgeld in der guten Stube
von der Elfriede, erledigte der Graf Porno das dringende
Geschäft eigenhändig und der Einfachheit halber gleich
in der Hose. Immer mit Blickrichtung auf die enthüllten
Birnen von der Elfriede. „Umanandergfummlt hot er",
sagte die empörte Profi-Konkubine, „und aff amol hot
er de Aung verdreht, daß i gmaant hob, er werd ohn-
mächti, nou hot er ganz arch gschnauft und dann is er
ganger."

Der Willibald wies die Anschuldigungen, daß er ein
Do-it-yourself-Erotiker sei, entschieden zurück. Es
stimmt, berichtete er dem Herrn Rat, daß er vor dem
Fenster von der Elfriede gestanden ist. Aber die hat nicht
zwanzig Mark verlangt, sondern gleich einen kleinen
Braunen, und weil ihm das zu teuer war, wollte er auf
die preisgünstigere Frau Nachbarin warten. „Und die
Hend", regte sich der Willibald auf, „hob i in die Huusn-
daschn, walls mi in di Finger gfruurn hout. Am Schluß
konns scho sei, daß i a weng rumglangt hob, obber dou
hob i meine Autoschlissl gsoucht." Der Herr Rat wollte
noch wissen, wie das mit dem starken Schnaufen gewesen
ist. „Des konn i Ihna scho erklärn, Herr Dokter", sagte
der Angeklagte, „i bin nemli schdark Asthma leidend.
Wenn S' wolln, bringi Ihna a Addest miid."

Das hohe Gericht verzichtete auf die amtsärztliche Be-
stätigung und sprach den Ottostraßen-Asthmatiker mangels Beweises frei.

KLAUS SCHAMBERGER

Ich bitte um Milde

BAND II

Sankt Martini

Weil der Richard einen Sinn für Überraschungen hat und sein angetrauter Hausdrachen genau am Pelzmärtel-Tag immer Geburtstag feiert, hatte er sich für die heurige Bescherung wieder einen ganz exklusiven Knecht Rupprecht dienstverpflichtet. "A Iiberraschung is scho worn", wimmerte der Richard am Gericht, "obber hald wos fiir anne. Mei Waggerla is heid nu bam Bischiader in Behandlung."

Der heilige Martin, der sonst immer stilecht maskiert die diversen Kleinigkeiten von der Nerzstola aufwärts überreichen mußte, war wegen Grippe verhindert und deswegen hatte der Richard den Auftrag und die fünfzig Mark Honorar an einen sehr flüchtigen Wirtshaus-Bekannten vergeben. "I hobb nern alles ganz genau ergleerd", erinnerte sich der Richard an den unheilvollen 11. November, "dasser mer a weng aus Gaudi meiner Aldn di Leffiddn lesn soll, walls immer di Kaddoffln oobrenna läßd, dasser a bissla midder Ruudn rumfuchdld und nou di Berlnkeddn iiberreing soll. Und wäi in des alles gsachd hob, hobbin nou aa di fuchzg Märgla geem."

Das hätte der Richard aber nicht tun sollen. Weil der himmlische Sankt Martin, respektive der Alois aus Gibitzenhof, das Honorar kurz vor seinem Auftritt in einem ziemlich zünftigen Sturztrunk durch die Gurgel gejagt hat. Pünktlich um acht Uhr läutete es beim Richard an der Haustür Sturm und den hochbesoffenen Weihnachtsmann hat man bis ins Wohnzimmer lallen hören: "Aafmachn, Alarm - iich bins, der Bulzermärdl." Und Sekunden später stand der Alois vor der verschüchterten Dame des Hauses: Am Kopf einen alten Kaffeewärmer, den Wattebart kurz unter der Stirn festgeklebt, mit einem alten Kleppermantel lässig über den Schultern und in der Hand eine furchterregende Lederpeitsche.

"Was nou bassierd is, Herr Richder", berichtete der Richard, "des konnsi kanner vuurschdelln. Iich soll aff der Schdell mei Maul haldn, hodder gsachd, sunsd weri erschossn, mei Frau hodder oogschriea, daß di Huusn roo dou soll, walls etzer erschd amol drummer Fotzn gibd und dassersi di Berlnkeddn ans Baa schmiern koo, waller däi aa scho versuffn hodd. Und nou häddmer alle zwaa 'Schdille Nachd' singer solln - wenn nedd, hodder gsachd, hauder uns midder Beidschn aff di Waffl naaf."

Beim ersten Vers von dem Weihnachtslied ist es dem Alois dann Gott sei Dank speiübel geworden und der Richard hat die Polizei alarmieren können. Wegen seinem Vollrausch ist der Pelzmärtel zu einer Geldstrafe von 800 Mark verurteilt worden. "Ka Drebfla häddi gsuffn", entschuldigte sich der Alois am Schluß, "wenni nedd suu a Lambnfieber ghabd hädd."

Der Eisprinz

Eigentlich hätte die Verhandlung gegen den Anton schon vor einem dreiviertel Jahr sein sollen, weil der schmerzhafte Kriminalfall im letzten Winter passiert ist, aber damals hatte der Karl in seiner wichtigen Eigenschaft als Kronzeuge wegen schwerer Verwundungen leider nicht erscheinen können. "Achd Wochn lang," erzählte er jetzt dem Herrn Amtsgerichtsrat, "binni vom Kubf bis zu di Fäiß eigibsd gween, dassi ausgschaud hob wäi in Frangnschdein sei Robodder. Am Abodd homs mi zu zweid draffhoggn mäin und bam Sechsersechzgschbilln mid meine Zimmerkolleeng hodd mer mei Nachber immer di Kaddln ghaldn. Des worn der villeichd Qualn."

Den Herrn Rat interessierten weniger die Qualen vom Karl beim Karteln, als sein doppelter Salto damals auf dem tiefgefrorenen Vorstadtweiher. Bereits vor dem Frühstück hatte der verbissene Eisprinz an jenem Sonntag den Karpfenteich mit seinem Schneeräumer in einen glatt gebügelten Kristallpalast verwandelt und nach dem Morgenkaffee ist er mit seinen frisch geschliffenen Absatzreißern wieder erschienen.

Viel Platz für seine Kürübungen war dann allerdings auf der Tiefkühl-Arena nicht mehr, weil inzwischen zwei örtliche Eishockeymannschaften den Platz bis zum letzten Quadratzentimeter besetzt hatten. "Schaud, dassder eich verzäichd", hatte der Karl gedroht, "ihr maand gwiiß, i bin eier Schdrassnkehrer."

Die Cracks vom EC Bad Holz und vom EV Saufbeuren kümmerten sich aber wenig um den Reserve-Bäumler. "Hald dei Waffl", soll der Anton gesagt und den Karl dann mit einer zackigen Vollbremsung eingeschneit haben. "Und nou", berichtete der Karl weiter, "hobbi mi hald middn in di Eishoggischbieler neigmischd und hob meine Greise dreed." Aber nicht arg lang. Mitten in einem rückwärts eingesprungenen Axel, wo er für eine Zehntelsekunde sogar vom Boden weggekommen ist, hat ihn der Anton von hinten erwischt mit einem Rempler, wie der Biersack in seinen besten Tagen. "Zwaamol", beendete der Karl seine Leidensgeschichte, "hodds mi in der Lufd umernander gschleiderd und nou wassi nix mehr, bissi in mein Gibs widder aafgwachd bin."

Obwohl der Anton geltend machte, daß er den Pirouettendreher wahrscheinlich übersehen haben muß und daß es bestimmt keine Absicht war, verurteilte ihn der Herr Amtsgerichtsrat wegen Körperverletzung zu einer Geldstrafe von zweihundert Mark. "Ban Eishoggi", meinte der Anton regelkundig, "gibds dou hexdns zwaa Minuddn Schdrafzeid."

Der Karussellschieber

Dem Kalender nach war es eigentlich noch Winter, aber an dem lauen Vorfrühlingsabend, an dem der Hermann die Engel im Himmel singen hat hören und die verheerenden Wirkungen der Zentrifugalkraft kennengelernt hat, sind die rissigen Bänke in der Anlage teilweise schon einschlägig besetzt gewesen.

Zehn Meter weg vom Hermann ist damals der Franz mit seiner gutdurchlüfteten Braut gesessen und hat zumindest andeutungsweise die Generalprobe für die Hochzeitsnacht durchgeführt. "A weng rumdou hommer hald", gab der Bank-Fachmann zu Protokoll, "wallmer sunsd nie allaans sin."

An dem Abend waren die zwei aber auch nicht allein, weil sich der Hermann angesichts der interessanten Aktivitäten auf der Nachbarbank von seinem Beobachtungsposten einfach nicht trennen hat können. Auch nicht nach den eindringlichen Ermahnungen vom Franz, daß er sich schleichen soll, hat sich der stille Genießer von der schwülen Idylle losgerissen. "Allerwall", erklärte der dem Herrn Amtsgerichtsrat seine Beharrlichkeit, "is des a effendlicher

Barg. Und wenni gwolld hädd, nou häddi mi ja aa genau neber däi zwaa hiihoggn kenner, odder?"

Soweit ist es aber gar nicht erst gekommen, weil der Franz nach der dritten Warnung die Hand aus seiner Braut genommen hat und höchstpersönlich zum Hermann hinübergegangen ist. "Dassi a Wildsau bin, hodder gsachd", schilderte der Volkspark-Gockerer seine Leidenstationen, "und daß edzer mei Brod baggn is. Und nou hodder mi in di Häih ghuum und derfoo droong." Nur ein paar Meter weit, wo der Kinderspielplatz war und ein kleines Karussell.

Dort sind dem Hermann die warmen Gedanken dann ziemlich schnell und gründlich vergangen. "Erschd", erzählte er, "hodder mi dou nei brelld, dassi mer di Waffl gscheid aafghaud hob und wäi i gmaand hob, daß edzer a Rouh is, fängd si des Ding aff amol zon Dreha oo und heerd nimmer aaf." Fast eine halbe Stunde lang soll sich der Franz als schadenfreudiger Karussellschieber betätigt haben.

Drei Straßen weiter hat man die Hilferufe vom rotierenden Hermann hören können, die im Verlauf der schwindligen Rundreise aber immer leiser geworden sind. Am Schluß der rasanten Freifahrt ist es dem Hermann so schlecht gewesen, daß er speien hat müssen.

Der Franz ist wegen Körperverletzung zu einer Geldstrafe von vierhundert Mark verurteilt worden. "Hoffndli", sagte der Drehwurm bei der dankbaren Entgegennahme vom Zeugengeld, "schdäihd dou morng wos in der Zeidung. Wall mei Alde nemli immer nu maand, dassi in dera Nachd unheimli bsuffn wor - sugoor am andern Dooch woori nu suu banander, als wäi wenni värza Dooch mid der Achderbahn in Urlaub gfoorn wär."

Der automatische Hans

Der Hans, der mit der Zeit und gelegentlich mit drei willigen Sofa-Gespielinnen zu gleicher Zeit geht, ist ein uneingeschränkter Anhänger allen technischen Fortschrittes. Sein vor allem hörbarer Beitrag zum 21. Jahrhundert war ein automatischer Anrufbeantworter, auf den man bei der sehr häufigen Abwesenheit des Chefs der Ein-Mann-Firma seine Wünsche innerhalb von dreißig Sekunden auf ein Tonband hauchen kann. Allerdings war der elektische Telefonpartner mehr für Anliegen geschäftlicher, weniger geschlechtlicher Art gedacht.

Wegen Mißbrauchs der Telefonier-Maschine stand die Christa mit ihrer herben Schönheit vor dem sehr erstaunten Herrn Amtsgerichtsrat. Das füllige Miss Mauerblümchen hatte zwei Wochen lang zum auserwählten Kreis vom Hanni seiner Freizeit gehört und war von dem Dreiecks-Casanova wegen ihrer mangelnden Qualität in der Horizontalen aus dem Konkubinationszentrum wieder verabschiedet worden.

"Verloom wolldsersi mid mir", erinnerte sich der Hans zurück, "und meine andern zwaa Maadler nausschmeißn. Dou wor nerdirli der Uufn aus." Bei der Christa hatte das Feuer der Liebe und der Eifersucht auch nach der fristlosen Kündigung noch gelodert. Was auch der Grund für die permanenten Hilferufe per Telefon war. Doch am Apparat meldete sich leider immer nur der automatische Hanni mit seiner schnarrenden Stimme: " ....das Büro ist zur Zeit leider nicht besetzt. Sie können jedoch eine Nachricht von dreißig Sekunden Länge auf Band sprechen. Bitte sprechen Sie jetzt."

"Zwanzg Mol mindestens", schluchzte die Christa am Sünderbänkchen, "hobbi oogruufn und jeds Mol hodd si blouß däi bläide Schallbladdn gmeld. Dou hobbi nerdirli mei Woud gräichd." Die Wut äußerte sich so, daß der Hans beim Abhören von seiner verflossenen Christa erfuhr, daß er ein Schnallentreiber ist, ein Hurenbock und ein vollgefressener Lustmolch. Jeden Tag fast gab die verschmähte Christa ihre intimen Dreißig-Sekunden-Mitteilungen durch.

"I hädds", sagte der Hosen-Kavalier im Zeugenstand, "nedd oozeichd. Obber zwaa Mol hobbi grood an geschäftlichen Bsuch in mein Biroo ghabd und däi hom si des alles mid oohärn mäin, walli des doch immer glei ablaafn lass." Einer der beiden Kunden brach nach den Angaben von Hans die Geschäftsbeziehungen abrupt ab, weil er sich mit anhören mußte, wie die Christa von wilden Orgien erzählt hat und am Schluß statt "Aufwiederhören" die rückwärtige Einlage vom Götz von Berlichingen gekrächzt hat. "Underhuusndrabber", konnte sich der Hans erinnern, "hoods aa amol gsachd zu mir. Suwos sachd mer doch ned."

Der Meinung war auch das Gericht und belegte das wandelnde Schimpfwörterlexikon wegen Beleidigung mit einer Geldstrafe von sechshundert Mark. "Etz koo ja nix mehr vuurkummer in der Richdung", teilte der Hans nach dem Urteil noch mit "wall etz hobbi a neie Delefonnummer und däi is geheim." Die Christa drehte sich unter der Tür noch einmal um. "Deine Geheimnummern", murmelte sie, "däi kenni scho."

Das Attentat auf den heiligen Gustav

Dem Gustav fehlt zum äußeren Zeichen seiner inneren Askese nur noch ein Heiligenschein. In selbst auferlegter Abstinenz verzichtet er schon ein paar Jahre lang auf Bier, Schnaps, Wein, Zigaretten - und auch horizontalen Vergnügungen hat er angeblich abgeschworen. ''Wenn's in Billn-Baul in Rom amol wechbfeift'', hat ein Stammtisch-Kollege kurz vor dem aktenkundigen Attentat vermutet, ''nou werns unsern Sankt Gustav wohrscheins zon Babst wähln.''

Jeden Freitag erschien der heilige Gustav zum Stammtisch, ließ sich seinen Antialkoholiker-Cocktail - eine Halbliter-Mischung aus Cola und Limo - kredenzen und hielt bibelfeste Predigten gegen die Todsünden auf der Welt. An einem Dämmerschoppen-Freitag im Februar war seine Gemeinde recht klein: Nur der Egon saß mit dem redseligen

Weltgewissen am runden Eichentisch, hatte seine Ohren auf Durchzug gestellt und wuchtete eine Maß Bier nach der anderen.

"Korz vuur Middernacht wors", erzählte der Egon dem Hohen Gericht, "dou hob is nimmer mit ooheern kenner. Daß i am jingsdn Dooch unheimli alt ausschau, wenn i su weidermach, hodder gsachd, daß meine Nachkommen bis ins fimbfde und sechsde Glied drunder leidn mäin und daß i im Feechfeier wohrscheins nu amol an seine Redn dengn wer."

Wie der Gustav sein Wort zum Samstag wegen eines dringenden Bedürfnisses unterbrechen mußte, schüttete der Egon das frisch eingeschenkte Spezi in seinen sündigen Maßkrug, ließ sich vom Wirt eine Flasche Kräuterschnaps bringen und füllte das Glas vom Laienpriester mit dem hochprozentigen Magenbitter. Wie der Gustav von der Befreiungshalle zurückgekommen ist, hat er in ein paar Sätzen noch auf Sodom und Gomorrha verwiesen, wegen der trockenen Luft einen tiefen Zug aus seinem Glas genommen und dann ist er mit einem verklärten Lächeln unter den Stammtisch gerutscht. Im Krankenhaus mußte ihm der Magen ausgepumpt werden und erst nach vierzehn Tagen Bettruhe war er von dem Giftanschlag wieder einigermaßen hergestellt.

"I hob doch nedd dengd", verteidigte sich der Egon, "daß der su oozäichd. I hob gmaand, der nimmd an Schlugg, daß er wenigstns amol mergd, wäi des schmeggd, wou er immer dergeeng weddert." Wegen des Magenbitter-Attentates wurde der Egon zu einer Geldstrafe von vierhundert Mark verurteilt. "Die Strafe Gottes", hat der Gustav nach der Verhandlung gesagt, "wird dich noch viel härter treffen." "Dich aa", hat der Egon geantwortet, "wallsd an halm Lidder Schnabs aff Ex gsuffn hosd."

Der Spitzensportler

Der Franz spielt für seinen Stammtischverein, irgend-
einem Dynamo Vorstadt, regelmäßig jeden Sonntag vor
dem Schweinebraten als Libero, was ja bekanntlich "Freier
Mann" bedeutet. So richtig frei ist der Hinterhof-Becken-
bauer allerdings nicht gewesen, weil seine Verlobte von der
sonntäglichen Holzhackerei nur ganz wenig begeistert war
und dem Franz am liebsten für immer und ewig die rote
Karte gezeigt hätte.

"Am Mondooch", erklärte sie dem Gericht ihre Abnei-
gung gegen den Fußball, "homs immer Mannschafds-
sidzung ghabd. Dou isser bsuffn hamm kummer. Am
Middwoch wor Vereinsschdammdisch, dou isser bsuffn
hamm kummer. Am Dunnerschdooch wor Schafkubfn vo
di Foußballer, dou isser bsuffn hamm kummer. Am Sams-
dooch hodder si wechern Schbill ausrouher mäin, dou
worer nedd bsuffn, obber mäid. Und am Sunndoch nachn

Schbill isser widder bsuffn hamm kummer. Edzer frooch iich Sie, Herr Gerichtsdiregder, ob des a Schbord sei soll?"

Das wußte der Herr Gerichtsdirektor auch nicht so genau, aber darum ging es in dem Kriminalfall sowieso nicht, sondern mehr um die Methode der Monika, ihrem nur wenig spitzen Fußballer das aufreibende Hobby ein für alle Mal auszutreiben.

Zum letzten Spiel der Saison, wo dem Franz seine Mannschaft im Fall eines Sieges noch Meister hätte werden können, stand die Monika zum ersten und letzten Mal höchstpersönlich auf der Stehtribüne des kleinen Stolper-Stadions und feuerte den Bräutigam auf ihre Weise an. "Schlabbschwanz", schrie sie laut und vernehmlich, wie der Franz zum ersten Mal in Ballbesitz war, "Schdäisd widder rum, wäia Schlugg Wasser." "Der middn Fimbfer am Buggl", wetterte sie zwei Minuten später, "hodd seine Iggsbaaner heid widder falsch eighängd. Und in Kubf hälder blouß suu houch, daß nern der Asbach nedd ausn Maul rausleffd."

Den Zuschauern, die sich inzwischen um die fachkundige Fußball-Moderatorin versammelt hatten, teilte die Monika noch mit, daß der Franz nicht nur auf dem Spielfeld, sondern auch daheim auf der gemeinsamen Sprungfedermatratze eine Flasche ist, daß seine Ballbehandlung in jeder Beziehung stark zu wünschen übrig läßt und daß er am besten seinen Trainer heiraten soll, oder den Vereinswirt.

Die Geldstrafe von 150 Mark wegen Beleidigung fiel deswegen verhältnismäßig glimpflich aus, weil die Monika vor ihrer interessanten Live-Reportage nachweislich zwölf Likör zu sich genommen hatte. "Der Beggnbauer", sagte sie nach dem Urteil verächtlich zu ihrem entlobten Hochleistungssportler, "is nedd blouß schenner wäi du - der verdiend wenigsdns aa nu a Geld."

Die Rache des Hypochonders

Der Georg hat sich das Jahr nicht nach dem Kalender einge-
teilt, sondern nach einem medizinischen Lexikon: Im Januar Steinblattern, im Februar ein kleiner Gicht-Anfall, im
März einen Irrläufer der Hongkong-Grippe und so weiter
bis zu einer gepflegten Mittelohreiterung am Jahresaus-
klang. Der Vertrauensarzt der Firma kam zum Georg öfter,
als der Briefträger oder die Müllabfuhr. Aber immer mit
wenig Erfolg, weil der Bazillenträger erster Ordnung seine
körperlichen Gebrechen meist im Wirtshaus ausheilte. Im
Juni hatte ihm der Personal-Chef vertraulich mitgeteilt,

daß er sich zum Quartalsende ein neues Sanatorium suchen muß.

"Wohrscheins", hat der Georg nach der mündlichen Kündigung ebenso vertraulich geflüstert, "mäin Sie sich dann aa wos neis soung, wall iich wos wass, wos unsern Altn net su recht gfällt." Am anderen Tag lag am Schreibtisch vom Personalchef ein Schmierzettel mit kurzem, aber folgenschwerem Inhalt. "Wenn du heude wider ins Bodell gehst, wünsch ich dir vil Fergnügen."

Der Firmen-Rausschmeißer vernichtete den Brief und verzichtete am Abend auf den gewohnten Ausflug ins kostenpflichtige Liebesparadies in der Stöpselgasse. Eine Woche später lag wieder eine ähnliche Kurzmitteilung vor: "Wenn du heute hinder die Mauer gest sei forsichtig. Daß deine Frau nichts erfärt." Gleichzeitig fragte ein anonymer Geheimnisträger die Frau Gemahlin am Telefon, ob sie wisse, woher das monatliche Defizit von hundert Mark im Haushalts-Budget komme.

Wie der Gerch dann ein paar Tage später wissen wollte, ob das mit der Kündigung wirklich so ernst gewesen sei, und der geheimnisvolle Postbote einen dritten Drohbrief abgegeben hatte, ging der Herr Chef zur Polizei.

"Suu ernst wor doch des gornet gmaand", erläuterte der Gerch vor Gericht seine kriminelle Selbsthilfe, "i wolld nern doch blouß a weng an Schregg eijoong." Nach dem Urteil war der Schreck auf der Seite vom Georg: Sechs Monate mit Bewährung und eine Geldbuße von vierhundert Mark schüttete der Herr Rat für die schriftliche Erpressung aus.

"Nou koo i ja aa soong", schrie der Gerch beim Finale stinksauer durch den Saal, "daß mei Bersonalscheff wergli jedn Freidooch ins Buff ganger is."

Obacht!

Das ist eine Art Anzeige.
Und zwar eine von der

NÜRNBERGER
MEDIENTECHNIK

Die Hirnheiner sind wie jedes Jahr zu spät
dran gewesen mit ihrer Druckvorlage.
Und jetzt soll ich den Krampf selber
machen, haben sie gesagt.
Die NÜRNBERGER MEDIENTECHNIK,
wo dem Gundolf Tippe gehört,
machen Werbung mit MULTI-
VISION, TONBILD-SCHAU und
VIDEODORANT (völlig geruchlos
und umweltfreundlich). Hoffentlich,
ist Ihnen alles klar. Wenn nicht,
dann rufen sie halt bei denen
selber an: Nr. 0911/26 09 10 in
der Bärenschanz-Str. 8
   Ihr Klaus Schamberger

Der Brautstrauß aus dem Knoblauchsland

"Heid greifi frondal oo", hat der Erwin seinen versammelten Stammtischfreunden erläutert und gleich noch bedauernd hinzugefügt, daß er leider nur auf eine ganz schnelle Stehhalbe bleiben kann, weil er heute abend seinem langjährigen Fräulein Braut die entscheidende Frage stellen will. Im Mantel ist der nervöse Bräutigam in der trauten Runde gesessen, neben sich einen Strauß gut verpackter roter Rosen, frisch aus der preiswerten "Gärtnerei Stadtpark", und hat seine erfahrenen Kollegen gefragt, wie er es der Rosi am besten beibringen soll, daß er sie heiraten will.

Bei der ersten Runde Schnaps hatte man dem Erwin zum Kniefall vor der Angebeteten geraten, wie es auch in Operetten und am englischen Hof üblich ist, bei der zweiten Runde wollte ein Kollege mitgehen und dem Bräutigam helfen, und kurz vor Mitternacht hat der Wirt gesagt, daß er jetzt die roten Rosen ins Wasser stellt, bevor sie verwelken.

Eine halbe Stunde später ist der Erwin, selber ziemlich getränkt, mit den vermeintlichen Blumen unterm Arm auf seinen schlotternden Freiersfüßen zur Wohnung von der Rosi gewankt. Und noch eine halbe Stunde später ist er wieder am Stammtisch gewesen, fast lautlos an der Theke aufgetaucht, hat eine volle Flasche Märzen genommen und sie dem Wirt mit aller Wucht über den erschrockenen Scheitel gezogen.

"I glaab", hat der Hans im Zeugenstand zu Protokoll gegeben, "i wor a halbe Schdund lang rein glinisch scho am Rochusfriedhuuf. Suu hodd mi der naafzind." Vierzehn Tage lang mußte sich der Wirt in der Unfallklinik seine Gehirnerschütterung behandeln lassen und nur wegen einem fatalen Irrtum.

Die Rosen, die der Erwin seiner Herzdame zusammen mit einem undeutlich gelallten Heiratsantrag früh um halb zwei mit etlichen Promille unter der Tür überreicht hatte, waren nämlich keine Rosen, sondern das genauso in Zeitungspapier eingewickelte Suppengrün vom Hans. Drei Stengel Lauch, Fenchel, Petersilie und ein bisserl Majoran. "Des mäinsersi amol vuurschdelln", verteidigte sich der Erwin, "Sie machn anner an Heirodsandrooch und iiberreing Ihrer Braud a Händ vull Bäiderla. Däi hodd mi ganz schäi nausgschmissn. Und 'Braugsd di gor nemmer seeng loun', hodds mer aa nu nouchgschriea."

Der Wirt versicherte, daß er den Blumengruß aus dem Knoblauchsland wirklich aus Versehen verwechselt hatte, und der Erwin wurde wegen der Körperverletzung zu einer Geldstrafe von 1200 Mark verurteilt. "Suu arch haud mer aa nedd hii", sagte der Hans nach dem Urteil, "wemmer vo seine Freind von suu an Fehldridd zrigghaldn werd."

Ganz in Weiß

Die Frau Oberkellnerin konnte sich an die zwei Herren auf der Anklagebank noch gut erinnern, wie sie damals am Pfingstmontag mit einer unheimlichen Trockenperiode in der Gurgel und einem gesegneten Appetit in ihrem Wirtshaus, nicht weit weg vom Krankenhaus, eingelaufen sind. "Blouß", sagt die Anni, "homs an den Dooch a weng vuurnehmer ausgschaud wäi heid."

Mit blütenweißen Hosen und aprilfrischen Dienstjacken hatten die zwei Gäste bescheiden im hintersten Eck Platz genommen, und durch eine kleine Nebenbemerkung war die Anni damals sofort im Bild, um wen es sich beim Walter und beim Otto handelt. "Horngs", hatte der Otto der ehrfürchtigen Bedienung erläutert, "wenn anns vom Grangnhaus oorufd, des is nou fiir uns. Wall mir nachn Middochessn widder obberiern mäin."

Für die Anni war es deswegen klar, daß die zwei Weißmacher Ärzte sind, die man mit besonders exquisiter Höflichkeit bedienen muß. "Biddschön, Herr Dogder", hörte man es alle zwei Minuten aus dem Eck, "Is asu reechd, Ihr

Schnidzl, Herr Dogder" oder "Derfs nu a Schliggla sei, Herr Dogder."

Nach einer ausgedehnten mehrgängigen Mahlzeit, zwölf Magenbittern, sechs Bieren und einer Flasche Champagner erhob sich der eine Herr Doktor vorsichtig und wackelte leicht unsicher ins Freie. Fünf Minuten später war er schon wieder zurück und schrie durchs ganze Wirtshaus zu seinem Kollegen, daß es sich um Alarmstufe eins handelt. "Schnell, drink aus", brüllte er, "es gäihd um Leem odder Doud. Mir hom an Moongdurchbruch eigliiferd gräichd."

Der Otto wies den letzten Schluck Champagner ein für die nötige Sicherheit bei der dringenden Operation, bat die Anni, alles auf eine Rechnung zu schreiben inklusive fünf Mark Trinkgeld, und versprach, die Außenstände gleich nach dem letzten Nadelstich zu begleichen.

Fünf Stunden lang hielt die Anni die Daumen für den armen Patienten mit dem Magendurchbruch und ließ sich dann erst mit düsteren Ahnungen mit dem Operationssaal telefonisch verbinden, wo man weder von den zwei Ärzten, noch von einem Magendurchbruch etwas wußte.

So sehr die zwei verkleideten Medizinalräte beteuerten, daß es sich nur um eine Gaudi gehandelt hat und sie das Geld eigentlich wieder zurückzahlen wollten - die Anni ließ jetzt in der Verhandlung nichts mehr aufkommen. "Mid an Moongdurchbruch, Herr Richder", wetterte sie, "machd mer kanne Schbäßla - und midd siebzg Marg scho gleich gornedd."

Wegen der offenen Rechnung wurden der Walter und der Otto zu einer Geldstrafe von jeweils vierhundert Mark verurteilt. "Froochd hald amol in Richder", riet die Anni beim Vorbeigehen den zwei Doktoren gar nicht mehr respektvoll, "ob des aff Grangnschein gäihd."

Elfmeter

Mit einem gigantischen Streckverband quer über die Kinnlade ist der Fritz vor dem kohlrabenschwarzen Scharfrichter gestanden und hat erklärt, daß er von seinen Freibad-Besuchen im wahrsten Sinn des Wortes die Schnauze voll hat. Voll Heftpflaster und Jod nämlich, woran der Otto auf der Anklagebank maßgeblich beteiligt gewesen sein soll.

Der Otto war der Mittelstürmer von dem Fußball-Team, das pünktlich und regelmäßig jeden Nachmittag in der städtischen Riviera direkt neben der Tafel mit der Aufschrift "Ballspielen verboten" ein gepflegtes Match aufzog um die Ehre und drei Maß Bier für den Sieger. "Vo Ballschbiele", sagte der Angeklagte, "hodd ibberhabbs ka Red sei kenner. Mir hom hald a weng dschambld."

"Was", wollte der Herr Amtsgerichtsrat wissen, "ist dschambeln?" "Nerja", antwortete der Otto, "dschambln is hald a weng hii und her middn Balln, verschdengers scho?"

Leider war bei dem Hin und Her mit dem knallhart aufgeblasenen Fußball der Fritz auf seinem Bademantel und mit einem gediegenen Vesperpaket mitten im Geschehen gesessen und hatte sich auch durch inständiges Bitten nicht auf den Spielfeldrand verdrängen lassen. "Dou is a Liichewiesn und ka Foußballbladz", hatte er wissen lassen und sich trotz gefährlicher Querschläger seelenruhig eine kühle Radlermaß in den Steinkrug geschüttet.

Nach einem Streifschuß am linken Ohrläppchen und einem Treffer in den Bauch hat der Fritz den gefährlichen Lederball mit einem triumphierenden Grinsen ins Schwimmerbecken geschmissen und angedroht, daß er im Wiederholungsfall den Bademeister holt.

Dazu ist er aber nicht mehr gekommen. Genau zu dem Zeitpunkt, wie ihm durch das Ansetzen seines steinernen Maßkruges für längere Zeit die Sicht versperrt war, ist nämlich die Entscheidung gefallen. Die einen haben "Tor" geschrien, andere haben furchtbar lachen müssen, und wieder andere haben die Sanitäter alarmiert, weil dem Fritz ein paar Scherben vom Maßkrug im Mund gesteckt sind und er stark geblutet hat. "Der Schuß", entschied der Fritz schon vor dem Urteil, "affn Moußgruuch und mei Waffl wor a ganz einwandfreier Mordversuch und sunsd nix."

Der Otto erklärte hingegen, daß es kein Mordversuch, sondern ein berechtigter Elfmeter war, mit dem er den Fritz aus Versehen niedergestreckt hatte, und der Herr Richter entschied nach einer kurzen Zigarettenpause im Beratungszimmer auf Freispruch von der absichtlichen Körperverletzung. "Es nexd Mol,", maulte der Fritz, "leechi mi nou hald ins Schdadion, wenn der Clubb schbildd. Dou schäißns wenigsdns nedd suu scharf."

Das war
Kennemanns Geschoß

Dem Otto seine kleine Welt besteht fast ausschließlich aus Fußball, obwohl der Randstein-Beckenbauer außer einem kurzen Gastspiel in der bauchlastigen Stammtisch-Bundesliga selbst nie aktiv gewesen ist. Dafür ist er der größte lebende Fußballtheoretiker zwischen Ronhof und Zabo, hat alle Mannschaftsaufstellungen von 1846 an im Kopf und doziert abends im Wirtshaus gern und lang über so wichtige Probleme wie über den Stuhlfauth sein Stellungsspiel oder den italienischen Flachpaß Anfang der dreißiger Jahre.

Nach einer derartigen wissenschaftlichen Vorlesung ist der Otto in einer mondhellen Mainacht mit wehmütigen Erinnerungen und nachweislich elf Glas Bier hinter der Binde heimgehumpelt und kurz vor seiner Haustür auf eine einsame Konservendose gestoßen. Da hat sich die schläfrige Vorstadtallee auf einmal in ein Fußballstadion verwandelt, der Otto in einen vibrierenden Nationalspieler und die Blechbüchse lag als Lederball im Strahl der städtischen Flutlichtmasten.

Der erste unhaltbare Schuß schlug ins Schlafzimmerfenster vom Parterre ein. "Des hodd an Schlooch dou", berichtete der Hans im Zeugenstand, "dassi glei sengrechd in mein Bedd drinner gschdandn bin." Nach dem dritten oder vierten Einschlag, die der Scharfschütze draußen vorm Fenster jeweils mit lauten Jubelschreien kommentierte, erschien der Hans im Nachthemd am Fenster und wollte das nächtliche Match abpfeifen. "I hobb blouß gsachd, er soll edzer midd den Grambf dou aafheern", beklagte er sich beim Herrn Amtsgerichtsrat, "dou hodds scho widder grauschd und däi Biggsn is ganz gnabb neber mir an die Wend hiignalld. Und der noochgmachde Kennemann dou is in di Häich ghubfd und hodd dauernd 'Door' gschriea. Nou binni nerdirli haaß worn."

Wie der Hans dann wutentbrannt sein Tor verlassen hat und dem Otto einen Elfmeter verpassen wollte, ist der Konservendosenfußballer erst richtig aktiv geworden. "Gäih ner heer", hat er geschrien, "heid schwanz i di aaf, dassdi dreesd, wäi a Danzbär." Dann hat der Otto elegant den Laternenpfahl umspielt und den Hans mit dem scharfkantigen Aushilfsball aus höchstens drei Metern genau im Gesicht getroffen.

Weil im Otto seinen Gehirnwindungen in jener Nacht das Licht ausgegangen war, wurde er vom Vorwurf der vorsätzlichen Körperverletzung freigesprochen, mußte wegen der nächtlichen Ruhestörung und dem ziemlich groben Unfug aber eine Geldstrafe von hundert Mark in die Staatskasse einlegen. "Des is a echder Amadör", lobte ein Zuhörer auf der letzten Bank den Otto, "der zoold sugor nu was, dasser foußballn derf."

. . . und sagte fast kein einziges Wort

Angler sind gern einsam, und wenn so ein in sich gekehrter Karpfenbändiger bei seinem Fischzug keine Menschenseele sieht, dann ist es für ihn ein schöner Tag gewesen. Das gilt auch für den Otto, der schon seit ein paar Jahren fast täglich am alten Ludwigskanal auf der Lauer sitzt und fast schon genauso wortkarg ist, wie seine schuppigen Freunde unter der Wasseroberfläche. Wenn der Otto mit einem von den gefürchteten Kiebitzen im Rücken viel redet, dann ist es ein undefinierbares Brummen, nach dem man am besten keine weiteren Fragen mehr stellt.

Der Karl, der an jenem aktenkundigen Sommerabend hinter dem grantigen Fischer beinahe Wurzeln geschlagen hätte, war der Meinung, daß sich die Menschen unterhalten müssen - und es entwickelte sich ein ziemlich einseitiger und folgenschwerer Dialog. "No, Herr Nachbar", stellte der Karl die erste, rein rhetorische Frage, "demmer a weng angln?" "Hmm". "Soongs amol, gibbs dou ibberhabbs Fiisch in dera Bräih?"

Der Otto spuckte ins Wasser. "Obber a schäins ruhigs Blädzla hommersi dou rausgsuchd, dirregd under der Audobahnbriggn." Der Otto spuckte noch einmal ins Wasser. "Karbfn gibbs obber dou kanne, odder?", "Naa, blouß Haifiisch." Der Karl hustete leicht verlegen und probierte den Fortgang des Fachgespräches auch mit lustigen Einlagen. "Edzer schdäi i scho a Värddlschdund dou und nix hodd oobissn. I glaab, Sie denner ihrn Reengwurm blouß a weng schwimmer lerna."

Beim Otto kribbelte es in der Seele. Wie ihm dann ein paar Minuten später ein gestandener Stichling auf halber Höhe wieder vom Haken in die Freiheit gerutscht ist und der Karl das Lachen nicht ganz verbeißen hat können, war die Atmosphäre zum Zerreißen gespannt. "I hob nern nou blouß nu gfroochd", erzählte der Karl am Gericht, "obbi amol in sei Aamerla neischauer derf, wos er scho alles gfangd hodd, und nou isser aff amol ausfällich worn."

Zuerst flog dem unerwünschten Dauerredner der Plastikeimer samt Kanalwasser und einem schleimigen Zwergkarpfen an den Kopf, dann ein paar exquisite Schimpfworte und am Schluß holte der Otto mit seiner Angelrute weit aus. "Zischd hodds aff amol in der Lufd", erinnerte sich der Karl, "un nou is mer der Anglhoogn diregdd in der Noosn drinner ghängd. Und wäi i um Hilfe gschriea hobb, zäichd der Gaaferer oo, daß mir glei a Schdiggla Fleisch rausgrissn hodd."

Der Herr Amtsgerichtsrat befahl im Namen des Volkes eine Geldstrafe von zweihundert Mark wegen Körperverletzung und fragte den Otto, ob er die Strafe annehme. "Hm", sagte der Otto, und verließ den Saal.

Das falsche Gesicht

Finster war's schon, der Abendstern machte sich am Turm von der Christuskirche zu schaffen, beim Gaswerk überquerte ein Ratz die Straße vorschriftsmäßig auf dem Zebrastreifen und die Elfriede bohrte in der Nase und wartete auf den städtischen Werderau-Expreß. Gibitzenhof lag im tiefsten Frieden.

"Aff amol", erzählt die Elfriede, "gwiidschn die Bremsen von an Audo direggd vuur mir, a Moo schdeichd aus, kummd aff miich zou wäi a Humml, haud mer anne am Baggn naaf, daß i gmaand hob mir fläichd mei Gebiß dervoo, und nou houd er mi in sei Audo neizuung."

Hilfe hatte die Elfriede gerade noch schreien können, aber das war fast gar nicht notwendig. Eine Watschn mußte sie noch hinnehmen, und zwei Straßen weiter war die schmerzhafte Fahrt schon wieder zu Ende. "Schau daß di schwingst", hatte der Kavalier am Steuer gesagt und die Elfriede abgeladen wie einen Sack Zement.

"Glaams mers, Herr Richder, mir douds ja wergli leid, obber des wor a Verwechslung und i wor aa su aafgreechd an den Dooch." Wenn Reue hörbar wäre, dann hätte man um den Franz auf dem Bänkchen einen schalldichten Glaskasten bauen müssen. Der Haussegen war an jenem Abend so ins Wackeln gekommen beim Franz und seiner Alten, daß man ihn als Perpendikel hätte verwenden können - den Haussegen.

Und mitten im schönsten Streiten holte sich die Frau vom Franz das Kapotthütchen von der Garderobe, wickelte sich in ihren Kaninchenpelz, reichte dem Franz zum Abschied noch einmal die Hände, daß man die fünf Finger am anderen Tag noch sehen konnte, und verschwand in die Gibitzenhofer Rauhnacht.

"Und nou bin i nerdirli", sagte der Franz, "nouchgfohrn und an der Haldeschdell is dann gschtanden - hob i gmaand. I hobs erschd gmergd, wäi iich ihr die Wadschn gehm hob und däi hodd nedd zrickgschloong. Nou hob i erscht hiigschaud."

Das Kapotthütchen und der Kaninchenpelz waren schon recht ähnlich, aber die Watschn hatte halt nicht den Hut getroffen, sondern das Gesicht, und das war an dem Abend eindeutig das von der Elfriede. "Koo scho sei", sagte die Elfriede, "daß si der deischd hodd, obber desweng hob is aa gschbiird."

Zweihundert Mark kostete der Irrtum, zahlbar in vier Monatsraten, weil der Franz auch noch das Goldrand-Geschirr nachkaufen muß - das waren bei dem Streitgespräch damals die Argumente von seiner Alten.

Das gelbgrüne Beweismittel

"Ooganger is asuu", sagte der Wilhelm auf der Anklagebank, "daß der Kullnhuuf-Sandler dou gsachd hodd, daß i
mid meiner Aldn aff kann Fall in Diergardn gäih soll, wall
der Herr Diregder aff solche Exemblare ganz nersch is.
Und wäi in nou gfroochd hob, wäi er des maand, isser nu
deidlicher worn. In Affnkäfich werds neigschberrd, hodder
gsachd, und wenni will, konnis jedn Dooch bsoung, obber i
soll die Bananer nedd vergessn. Derbei, Herr Richder,
sollerdns amol denn sei Alde ooschaŭer, dou maaners, däi
homs im Bayrischn Wald middn Lasso eigfangd."

Der Herr Rat bat den zornigen Wilhelm um Mäßigung
seiner Ausdrucksweise, andernfalls es bei weiteren Kraft-
ausdrücken fünfzig Mark kostet, und ließ sich dann den
Streit um die Schönheit der beiden Vorstadt-Grazien weiter

schildern. "Des hobbi mer nerdirli nedd gfalln loun", erzählte der Wilhelm, "und nou hobbin in sei Bier neigschbodzd."

Auf der anderen Seite der Front, wo der Otto an jenem Abend um das Ansehen seines angetrauten Bettvorlegers kämpfte, handelte man sofort und nach biblischen Grundsätzen: Gleiches mit Gleichem vergelten. Bloß war das Bierglas vom Wilhelm leider leer. Trotzdem hat sich der Otto zweimal ganz tief aus der großen Zehe geräuspert, die Bakken aufgeblasen, wie seinerzeit der Trompeter von Säckingen, und hat mit gespitztem Maul eine volle Breitseite auf den Wilhelm abgeschossen.

"Vull aff di Bubilln is ganger", berichtete der Willi über das Zielvermögen seines Kontrahenten, "und ausgschaud hobbi, wäi wenni a Gloosauch ghabd hädd." Aktenkundig wurde dann aber erst der erneute Vergeltungsschlag, weil der Willi die Verhältnismäßigkeit nicht beachtete und statt einer feuchten mundgeblasenen Rückantwort dem Otto sein Bierglas ins erstaunte Antlitz schleuderte.

"Dou woorer selber schuld", sagte der Wilhelm, "des hädd nemli blouß a Warnschuß sei solln. Obber mid mein vullgschbodzdn Auch hobbi nedd gscheid gsehng und nou is nern des Gläsla hald aff di Waffl ganger." Daß der Wilhelm einäugig wie der Polyphem an der Theke gestanden ist, entsprach der Wahrheit, weil er das gelbgrüne Corpus delicti mit nach hinten geneigtem Kopf sogar bis zum Eintreffen der Polizeistreife auf dem Auge ausbalanciert hatte. Als Beweismittel für die Gemeinheit vom Otto.

Genützt hat es aber nichts: Wegen Körperverletzung faßte der Willi drei Monate mit Bewährung und zweihundert Mark Geldbuße. "Vielleichd", sagte ihm ein Stammtischkollege nach dem Urteil, "wärsd freigschbrochn worn, wennsder des Kudderla affn Auch bis zur Gerichtsverhandlung aafghuum häsd."

148

Scherenschnitte

Ein gutes halbes Jahr schon hatte die Hildegard im Fischbacher Steckerlaswald ihren Unterleib gebührenpflichtig zur Verfügung gestellt. Bis zu dem Tag, an dem der Max die Hilde in einer lauen Herbstnacht außerdienstlich und kostenlos frequentierte. Die heißen Privatstunden blieben für die Liegesitz-Nitribitt nicht ohne Folgen. "Oobrennd hodder mi, der Hirnheiner", rekonstruierte die Hilde die Herbstnacht volkstümlich, und als der Herr Rat um Aufklärung bat, öffnete die Strichnine ihren Plastikpersianer, und da konnte jeder im Saal sehen, daß in spätestens zwei Monaten Nachwuchs kommt.

"Und i hob nern nu gsachd", maulte die Hilde, "daß er aafbassn soll." Aber wegen seiner Unvorsichtigkeit saß der Max nicht auf dem Bänkchen der Gerechtigkeit, sondern wegen der Haare von der Hilde. Der Max nämlich, ein Ehrenmann von der großen Zehe bis zu den Geheimratsecken, hatte die kostenlose Liebesnacht als Verlobung gewertet, und wie die Hilde früh ihren Bauchladen an der Regensburger Straße wieder eröffnen wollte, da sang der möblierte Kavalier das hohe Lied von der Bürgerlichkeit. Daß ein eigener Herd Gold wert ist, daß jetzt ein Ende ist mit dem Lotterleben und daß die Hilde ihre Papiere fürs Standesamt zusammensuchen soll.

"Wäi i gsachd hob, daß er schbinnd", berichtete die Hildegard, "hodder mer zwaa Watschn gebn, daß mer in Schlooch bis aff die Schdraß noo gheerd houd." Zwei Tage später entschuldigte sich der Max und bat die Hilde zu einer letzten Unterredung in sein Auto. Dienst ist Dienst, sagte die Hilde und verlangte vorab den handelsüblichen Liebeslohn.

"Ich wolld's nedd dou", jammerte der Max, "obber wäis vo mir an Zwanzger verlangd hodd, nou hob i suu a Woud gräichd und nou ist hald bassierd." Oben in den Kiefern klopfte ein Specht, als der Max die Hilde an sich zog und nicht mehr losließ.

Die Hildegard schüttelt's jetzt noch, wenn sie dran denkt: "Aff amol hodder a Scher in der Hend ghabt, häld mi am Hals fest und zäichd aaf - i hob dengd, etz is aus und nou fängt der is Hoorschneidn oo." Keine fünf Minuten hat es gedauert, da lagen die Locken von der Hilde am Boden, und über der Stirn hat es ausgeschaut wie auf einem Stoppelacker.

"I hob dengd, daß mid anner Glatzn nimmer am Strich gäih koo und daß dann widder zu mir kummt", sagte der verliebte Barbier von Altenfurt.

Ob die Hilde vielleicht ihre Anzeige zurückzieht, fragte der Herr Rat in Sorge um das Glück der beiden.

"Nix läffd", verkündete die Hildegard, "a Kind gräich i von den Gimbl, zwaa Watschn hob i gräichd und a Bladdn, dou soll der ner aa wos gräing."

Vierhundert Mark wurden es wegen Körperverletzung in zwei Fällen - zweihundert Mark für die Watschen und zweihundert Mark für den nicht ganz fachgerechten Faconschnitt.

Eine schöne Bescherung

Der 24. Dezember im letzten Jahr ist beim Fritz als scheinheiliger Abend in die Familienchronik eingegangen und als Fest der Hiebe. Wie die tragische Verkettung sehr unglücklicher Umstände jetzt vor dem hohen Gericht noch einmal zum besten gegeben worden ist, hat sich der Süd-stadt-Meister im Seitenspringen noch genau an die Stille Nacht erinnern können.

Aus der Küche roch es nach Karpfen, von der Gustav-Adolf-Kirche haben die Glocken geläutet und die Dame des Hauses hat zur Bescherung gebeten, weil sonst der Punsch kalt wird. Der Fritz ist mit einem gut eingewickelten Blumenpaket, in dem eigentlich Alpenveilchen hätten sein sollen, und mit einem Kuvert, in das er vorher einen nagelneuen blauen Riesen gesteckt hat, im Wohnzimmer erschienen.

Leider haben sich die Alpenveilchen beim Auspacken als rote Rosen erwiesen und das Hundert-Markschein-Geschenk als eine Mitteilung ziemlich unterhalb der Gürtellinie an die Nachbarin vom zweiten Stock, wo der Ehemann oft auf Montage ist. "Libe Christa", hat die Frau vom Fritz, die eigentlich Elfriede heißt, überrascht gelesen, "die Rohsen sind für dich. Dengst du noch an den letzten Mittwoch, ich auch. Frohe Weihnachten von deinem Fritz. Morgen wenn die Schatzinsel im Fernsehn vorbei ist komm ich vileicht hinauf."

Bis zur "Schatzinsel" hat die Elfriede nicht warten wollen und hat das Schätzchen einen Stock höher nachdrücklich heimgesucht. "Dou wor wos lous", gab der Fritz verschämt zu Protokoll. "Wall droomer wor nemli aa grood Bescherung und der Christa ihr Moo hod si scho dauernd iiber des Schdeggler Albnveilchen gwundert und däi hundert Marg und daß aff den Kärdler gschtandn is 'Frohe Weihnachten dein Fritz'."

Und mitten im Wundern läutete die Elfriede Alarm, stürzte wie der Erzengel Gabriel persönlich in die Wohnung und verkündete nicht große Freude, sondern furchtbare Rache. "Schnalln, elendiche", hat die hintergangene Hausfrau gebrüllt, "Dir drehi in Groong oo. Eier Schatzinsel weri eich ganz schäi versalzn."

Den verwechselten Liebesstrauß hat sie der Nebenbuhlerin durchs Gesicht gezogen, die Krippenfiguren sind durchs Fenster geflogen und der Rauschgoldengel auf der Christbaumspitz ist in Flammen aufgegangen. "Wäis widder roo kummer is", erinnerte sich der Fritz noch, "hoob i aa mei Fedd gräichd. Den Moßgrouch, wou i als Christkindler hääd gräing solln, hodds mer am Kubf naaf ghaud."

Wegen Sachbeschädigung, Beleidigung, Körperverletzung und Hausfriedensbruch mußte die Elfriede, die seit der Rauhnacht vom letzten Dezember in Scheidung lebt, sechshundert Mark in die Staatskasse einlegen.

Lange Leitung

Die Gemeinheiten hatten in jener Nacht, wo der Konrad fast seinen ganzen Wochenlohn krisenfest in der Gurgel angelegt hat und mit seinem Bierfilzl zum Nennwert von rund zwei Promille an die frische Luft gestolpert ist, schon an der Straßenbahnhaltestelle begonnen. Weil dem wackligen Spätheimkehrer der letzte elektrische Bummelzug in die Heimat vor der Nase weggefahren ist. "Nou hobbi mi an die Schdrass hiigschdelld", erzählte der Konrad dem Herrn Amtsgerichtsrat, "und hob die Audo gwungn. Es erschde, wou ghaldn hodd, wor a Fungschdreife. Däi hommi nerdirli nedd miidgnummer."

Nach einer längeren Auseinandersetzung mit den zwei verstaatlichten Nachtwächtern über Ausnüchterungszellen und sonstige gesetzliche Maßnahmen, hatte der Konrad beschlossen, im nächsten Telefonhäuschen ein Rettungsschiff von der Taxi-Zentrale zu bestellen. "Nerdirli", berichtete er dem hohen Gericht weiter, "is in dem Haisler anner drinner gschdandn und hodd grood es delefoniern oogfangd." In höflicher Distanz setzte sich das wandelnde Bierfaß an den Randstein und wartete. Fünf Minuten. Zehn Minuten. Eine Viertelstunde. Zwanzig Minuten.

Kurz vor Sonnenaufgang war die Höflichkeit vom Konrad beendet. "I bin niiber", rekonstruierte er die erste Folge vom Tathergang, "hob di Diir an Schbald aafgmachd und hob gfroochd, obs nu länger dauerd. Nou schaud mi der korz oo und sachd, i soll etzer endli aafheern mid mein saubläidn Gschmarri und wenni suu weidermach, nou hauder mer ball di Schaufl naaf." Der Konrad schloß respektvoll die Tür von dem Einmann-Fernmeldeamt wieder, musterte den selbstbewußten Anrufer und entschloß sich dann zu einem zweiten Vorstoß.

"I hob die Diir nunni richdi aaf ghabd", erinnerte er sich, "dou fängd der scho es Schreier oo. Daß edzer Schluß is mid seiner Geduld, dassi aff der Schdell mei Maul haldn soll und dassi a bläide Sau bin." Da war die Geduld vom Konrad aber auch zu Ende. Mit zwei weltmeisterschaftsreifen Watschn drängte er den Dauertelefonierer aus der Leitung, schob ihm den Hörer unter dem knirschenden Verlust von zwei Schneidezähnen in den erstaunt geöffneten Mund und knallte ihm das Nürnberg-Fürther Telefonbuch auf den Schädel.

Wenn die Funkstreife nicht vorbei gekommen wäre, hätte der Herr mit dem hübschen Vornamen Gottlieb wahrscheinlich vorzeitig um seine Ivalidenrente eingeben können. Wegen Körperverletzung wurde der Konrad zur Ratenzahlung von insgeamt sechshundert Mark verurteilt. "Des hobbi obber doch wergli nedd wissn kenner", schimpfte er über das Urteil, "daß der mid der bläidn Sau und middn Maul haldn nedd miich gmaand hodd, sondern sei Freindi, mid der wou er delefoniend hodd."

Warmer Regen

Mit einem Schmelz in der Stimme, der vom Roy Black hätte sein können, schilderte der Franz dem hohen Gericht sein ausgeglichenes Innenleben. Daß es in seiner Seele sanft ist wie einem Herbstsonntag, daß er alle Menschen liebt wie sich selbst - und daß ihm nichts mehr zuwider ist, als die rohe Gewalttätigkeit. Der Franz, der Philanthrop und Humanist, stand wegen schwerer Körperverletzung vor dem schwarzen Talar.

Die zwei vernichtenden Faustschläge damals auf der Bergkirchweih, die überhaupt nicht zu seiner Psyche paßten und den Toni wegen ihrer Wucht für zwei Wochen aufs Krankenlager warfen, erläuterte er dem Herrn Rat auch gleich: "I hob zwaa Mouß ghabt und an unheimling Drugg draff, wissn's scho", erzählte der Franz, "bis zon Abodd wär i nimmer kummer und nou hob i mi glai an di Bisch doddn in der Näh higschdelld."

Gleichzeitig hatte sich der Toni erhoben, angefüllt mit mindestens fünf Maß Kirchweih-Treibstoff, und war dem Franz im Seemannsgang nachgestolpert. Der Franz war mit seinen eigenen Geschäften im Unterholz so beschäftigt, daß er seinen Hintermann weder hörte noch spürte, wenigstens am Anfang, und erledigte in aller Ruhe, was zu erledigen war.

"I hob mer grood mei Huuserdiirla zougmacht", erinnerte sich der Naturfreund, "dou is mer an mein. rechdn Baa aff amol suu warm worn. Und wäi i hiilang, is vo der Huuserdaschn abwärds alles badschnaß gween." Die Ursache für den warmen Regen war nicht eine plötzliche Abänderung des Wetterberichts, kein isländisches Tief, sondern das alkoholische Hoch vom Toni, der wegen seines gediegenen Vollrausches den Franz am Fliederbusch leider übersehen hatte und seine ansehnliche Notdurft in die Hosentasche des ahnungslosen Vordermannes verrichtet hatte.

"Wos glaamsn, Herr Richter, wos der gmachd hodd", fragte der Franz auf der Anklagebank, " wäi iich mich rumdreht hob und gsachd hob, daß er a alde Sau is?" Der Herr Amtsgerichtsrat wußte es nicht. "Weiderbingld hodder, als wenn iich die Wänd von an Brunshaisler bin. Und wäi er aff amol seine Aung aafgmacht hod und gsachd hod 'Vergelt's Gott', nou hob i 'n vuur lauder Woud zwaa eigschengd."

Der Toni konnte sich an nichts mehr erinnern, nur noch, daß er an dem Abend vermutlich auf die Bergkirchweih gegangen und einen Tag später in der Universitätsklinik wieder zu sich gekommen ist. Bei allem Verständnis für die Wut des zweiseitig benetzten Franz, bestand der Herr Rat auf einer Geldstrafe von 200 Mark. "I nimms oo", sagte der Franz, "wall i mi mid di Laid nedd gern rumschdreid."

Der Mitläufer

"Dassi bsuffn wor, Herr Oberrichder", räumte der Rudi nach längeren Erörterungen gnädig ein, "gibbi zou. Obber alles andere, wos der Hirnheiner dou derzilld hodd, moußer ausern Märchnbichler hoom. Anderschd koo iich mi des nedd erglärn."

Bei dem "Hirnheiner" handelte es sich um einen städtischen Blaugardisten der Führerschein-Zwick-Kompanie und bei seinen angeblichen Erzählungen aus Tausendundeiner Nacht um eine Mitternacht im Januar.

Der Rudi war wie der Don Promillo persönlich aus seiner kleinen Schluckauf-Bar gewackelt, hatte sich dreimal bekreuzigt und sich dann hinters Steuer seines Holzvergasers, Baujahr gleich nach der Währungsreform, geklemmt. "Wall", gab er zu Protokoll, "laafn hobbi nimmer kenner."

Neben dem Randsteinschleifer wachte aber in der aktenkundigen Nacht das schläfrige Auge des Gesetzes, und wie der Rudi seinen Zündschlüssel rumdrehen hat wollen, ist auch noch der Arm des Gesetzes dazu gekommen. Der Herr Polizeimeister hat durchs Fenster gelangt, den Schlüssel wieder anders rum gedreht und dem Rudi den Start zur Alkoholiker-Rallye verboten. Vielmehr verbieten wollen.

Im Zeugenstand erklärte der Freund und Helfer, warum es zu der Amtshandlung nicht ganz gekommen ist. "Der hodd", sagte er, "aff amol sei Fensder widder naafdrehd, in Modor oogloun und is gfohrn."

Ungünstig wirkte sich dabei aus, daß der Arm des Gesetzes noch im Auto war und der Herr Wachtmeister gezwungenermaßen mitlaufen mußte. "Zerschd is ja nu ganger", erinnerte er sich an die leichtathletische Nacht, "obber nou hodd der in sein Suff aff amol Gas geem und i hob renner mäin, daß mer der Schweiß roo gloffn is."

Mit zirka dreißig Sachen habe der Rudi erst eine Ehrenrunde um den Plärrer gedreht, sei dann in Richtung Südstadt abgebogen und erst am Kohlenhof habe der Mitläufer aufs Trittbrett springen können. "Dou kooi doch blouß lachn", verkündete der Rudi in seinem Plädoyer, "suwos gibds doch ibberhabbs ned. Vielleicht, daß der aff sein Schtreifngang eigschloofn is und daß nern des alles draamd hodd."

Weil aber Zeugen da waren, die die zwangsweise Marathon-Einlage des Herrn Wachtmeisters bei Gott dem Allmächtigen bestätigen konnten, wollte der Amtsgerichtsrat nicht so recht an einen Traum glauben. Zwei Jahre muß der Rudi jetzt seinen Führerschein im Schließfach hinterlegen, für die knapp drei Promille zwölfhundert Mark zahlen und wegen dem eingeklemmten Arm des Gesetzes schüttete das Gericht außerdem noch sechs Monate zur Bewährung aus.

"Schood derfir", sagte der wenig reuige Rudi nach dem gepflegten Urteil, "daß mer dou die Zeid ned miidgschdobbd homm, sunsd hädds der Zadobeck dou fiir sei Schbordabzeing verwendn kenner. Wenner scho suu gschwitzt hodd."

Hier spricht
Radio Randstein

Weil der Gottfried ein Mensch ist, der mit der Zeit geht, und sich außerdem nicht gern mit den hartnäckigen Generalvertretern der Schnürsenkelbranche unter der Haustür unterhält, hat er sich in seinem Genossenschafts-Palazzo eine Sprechanlage einbauen lassen. Vierzehn Tage lang hat sich das Feldtelefon an der Gartentür bewährt, aber dann hat es sich in der neidischen Nachbarschaft herumgesprochen, daß beim Gottfried der technische Fortschritt ausgebrochen ist.

Da ist es dann schon öfter vorgekommen, daß es am Samstagabend mitten im Ohnsorg-Theater oder bei der Sportschau geläutet hat. Und wenn der Gottfried dann höflich gefragt hat, wer da ist, hat er gelegentlich einen dreckigen Lacher am anderen Ende der Leitung vernehmen müssen, oder sonst irgendwelche Gemeinheiten. Infam ist es in der dritten Woche geworden. "Dou hodds", erzählte der Gottfried vor Gericht, "jede Nachd ummer zwelfer rum gschelld. Und jeds Mol, wenni gfrouchd hob, wer dou is,

hodd der drundn aff der Schdrass irchnd a Sauerei durchs
Miggrofon durchgschriea."

Das erste Mal hat der geheimnisvolle Chefsprecher vom
Radio Randstein laut gerülpst, bei der zweiten Mitter-
nachtssendung soll es sich auch um eine menschliche Äußerung - allerdings aus der anderen Richtung - gehandelt haben, und zwar so laut, daß die Frau vom Gottfried im Bett
sich über die offene Aborttür beschwert hat.

Von der dritten Nacht an ist es gegen die Frau Gemahlin
persönlich gegangen. Daß die vollfette Elisabeth gelbe Füß
hat, ist pünktlich um Mitternacht durchs Mikrophon gekommen, daß sie dreimal in der Woche fremdgeht und daß
sich das Gesundheitsamt schon für ihren lebhaften Unterleib interessiert. Einmal hat der Gottfried auf das unheim-
liche Läuten nicht reagiert und leider hat sich dann am andern Tag herausgestellt, daß es nicht der pornographische
Nachrichtensprecher war, sondern der Telegrammbote.

Bei der letzten Durchsage des unflätigen Sprechfunkers
ist es um die Lendenkraft vom Gottfried gegangen. Er soll,
dröhnte es durch die Sprechanlage, jeden Früh fünf rohe
Eier essen, dann vergehen vielleicht auch die nervösen
Zuckungen von der Elisabeth. In dieser Nacht war aber die
Frau Gemahlin am Gerät und der Gottfried ist in seiner
Gartenzwerg-Plantage auf der Lauer gelegen und hat den
Willi eindeutig entlarvt. "Mer werdsi doch", sagte der
Nachbar auf der Anklagebank, "mid di Leid nu a weng un-
derhaldn derfn. Iich hobb immer gmaand, dem gfälld des."

Dem Gottfried hat es aber nicht gefallen und dem Gericht
auch nicht. Wegen groben Unfugs und Beleidigung mußte
der Willi eine Geldstrafe von vierhundert Mark zahlen.
"Ganz schäi naafganger", sagte er nach dem Urteil, "die
Delefongebiirn".

Die Wermutsprobe

Nach dem Willi kann man seine Uhr stellen. Früh um neun, wenn die güldene Sonne am Kopf noch nicht so weh tut, sitzt der berufsmäßige Schluckspecht in der kleinen Anlage auf seiner Stammbank und läßt sich vom Ostwind seinen Rausch aus den Rippen blasen. Um zehn Uhr schlurft er mit starkem Leberknurren und bereits wieder trockengelegter Gurgel in den glasweisen Stehausschank um die Ecke und schiebt sich zum ersten Frühstück den dringend notwendigen Zahnputzbecher voll Wermut durch die zittrigen Lippen.

"Wenns zwelfer schlechd", erzählte der Johann auf der Anklagebank, "nou hodder masdns sein Groong scho widder gschdrichn vull. Nou schimbfder a halbe Schdund aff sei Alde, wall nern däi immer ka Geld gibd zon Saufn, nou hauds nern sein Kubf aff di Diischbladdn und dann schläfder a Schdindla."

Der Johann, der seine stahlharte Leber auch um die gleiche Zeit auf die Weide schickt, war an so einem tiefblauen Vormittag mit dem Willi wegen finanzieller Forderungen stark in Streit geraten und hatte ihm im Fall einer verweigerten Rückzahlung von sieben oder acht Mark herbe Maßnahmen versprochen. "Dei Geld", soll der Willi schon im Halbschlaf gemurmelt haben, "konnsder ans Baa hiischmiern und ezder derfsd mi am Oasch leggn. Obber schäi langsam, gell?"

Danach ist der Willi in seinen zeitlich genau eingeteilten Tiefschlaf versunken. Fünf Minuten später schritt der Johann zur angekündigten Rache. Ganz vorsichtig knotete er dem Stehschläfer unterm Hochtisch die Schnürsenkel über Kreuz und ganz fest zusammen. "Ner ja", erläuterte der Johann seinen Anschlag dem Herrn Amtsgerichtsrat, "und nou hobbin ganz laud direggd in sei Ohr neigschriea: "Alarm, aafwachn, dei Alde kummd über di Schdrass rieber."

Der Willi ist wie bei der Grippeimpfung hochgerumpelt, hat sich seinen Schlapphut tief ins überschwemmte Gesicht gezogen und den Notausgang für eheliche Heimsuchungen anvisiert. Weit ist der Flüchtling aber nicht gekommen. "Erschd", gab die Frau Wirtin zum Protokoll, "isser numol an Diisch hiigrumbld, nou hodder an Hubferer dou wäi a bsuffner Gaasbuug, und dann isser in mei Schnabsregal neigfluung."

Beiläufig zehn Liter gebrannte Obstsäfte sind bei dem unfreiwilligen Direktflug draufgegangen, drei Stiftzähne und ein Ohrläppchen. Deswegen und für die zusätzliche Kieferfraktur wurde der Johann zu einer Geldstrafe von 300 Mark verurteilt. Ob der Willi jetzt immer noch früh um zehn in die Wermut-Bar geht, wollte der Herr Rat wissen. "Naa", sagte der Willi, "um däi Zeid moußi edzer immer schdaubsaung."

Der Elefant im Treppengang

Drei Meter lang war dem Albert sein botanischer Klein-
garten und zwanzig Zentimeter breit. Und wenn die un-
krautfreie Geranien-Plantage auf dem bescheidenen Hin-
terhofbalkon nach mühseliger Pflege endlich in Blüte stand,
dann ist der Albert vor der bescheidenen Pracht gestanden
und hat leise zu sich selber gesagt: "Es ist vollbracht."

Einen Stock tiefer hat der Franz gewohnt, der der Blu-
menkasten-Kultur nur wenig Freude abgewinnen konnte.
"Herr Richder", erzählte er von seinen Qualen, "suwos
konn si ibberhabbs kanner vuurschdelln, mid wos fiir anner
Bräih der seine Blumer gossn hodd. Des mouß a selber-
gmachder Odl gween sei."

Das stinkerte Geheimrezept allein hätte den angeklagten
Untermieter gar nicht so sehr wild gemacht, aber die Tat-
sache, daß die intensive Geranien-Fütterung zweimal täglich fast immer mit seinem einsamen Kaffeekränzchen zeitlich zusammenfiel, brachte ihn jedesmal auf einen Blut-
druck, wo man mit dem Franz seinem Puls ein ganzes Ham-
merwerk hätte antreiben können. "Den seine Blummer-

käsdn", schilderte er die seelischen und körperlichen Grausamkeiten, "hom nemli lauder Lecher. Und jeedsmol, wenn der gossn hodd, is mer des schdingerde Zeich in mein Kaffee neidrobfd. Amol hobbis nedd gmergd und nou hobbi glei ban erschdn Schlugg schbeier mäin."

An einem beschaulichen Samstagnachmittag, wie der Kaffee wieder einmal pünktlich und reichlich von oben gedüngt worden ist und ein frisches Stück Erdbeerkuchen gleich mit, war dem Franz seine Geduld am Ende. Sauer bis unter die letzten Haarwurzeln klingelte er oben beim Albert. "Nou isser in der Dür gschdandn", berichtete der Albert dem hohen Gericht, "midder Gießkanner in der Händ und hodd mi scheinheilich gfroochd, obbi vielleichd an Ableecher vo seine Scheiß-Geranien mecherd. Nou binni haaß worn."

Die halbgefüllte Plastik-Gießkanne hat er dem erstaunten Albert aus der Hand gerissen und sie trotz der stark abweichenden Hutgröße dem Blumenfreund über den Kopf gestülpt. Der Albert war machtlos. Halb bewußtlos vom Blumendünger und ohne Sicht taumelte er durch den Treppengang, und hinter dem unverrückbaren Stahlhelm hörte man im Abstand von einer halben Minute dumpfe Hilferufe. Bis er dann mit dem Gießkannenrüssel nach vorn über die oberste Stufe stolperte und wie ein fliegender Elefant im Parterre landete. Einer barmherzigen Nachbarin hatte er dann mit letzter Kraft durch das Gießkannenrohr noch nach außen mitteilen können, daß man die Sanitäter anrufen soll.

Für den gedüngten und eingezwängten Kopf und die schwere Gehirnerschütterung wurde der Franz zu einer Geldstrafe von 800 Mark verurteilt. "Goud gschdandn", sagte er im Vorbeigehen, "is der der Blasdigghoud obber scho."

Der Tod von Zabo

Dem Heiner seine pensionierte Ganztagsbeschäftigung bestand aus vier vollfetten Stallhasen, die hinter seinem Schreberpavillon in einem Gitterverschlag auf Untermiete wohnten.

Schwierigkeiten hatte der Tierfreund gelegentlich nur mit der Futterbeschaffung, weil in der betonierten Vorstadt recht wenig Gras wächst und der Heiner selbst jeden Quadratzentimeter seiner Knoblauchskultur für den Gemüseanbau belegt hatte.

Als an einem Sonntag die diesbezüglichen Pfründe vom Heiner am Bahndamm und in der städtischen Grünanlage bis zum letzten Schachtelhalm ausgebeutet waren und das Magenknurren seiner Hasen bis auf die Straße zu hören war, wurde der in Not geratene Kleinbauer beim Herrn Nachbarn und dessen geheiligten Wembley-Rasen vorstellig.

Kurz vor Sonnenuntergang erhielt er die Genehmigung zum Mähen, und wie der Halbmond schon am Himmel hing, ist der Heiner mit seiner Sense zur Exekution erschienen. "An suu an Gniefiesl", erzählte der Heiner am Amtsgericht, "konn si ibberhabbs kanner vuurschdelln. A glanns Eggala hodder mer oogwiisn, woui mäha derf, und er is midder Daschnlambn neemdroo gschdandn, dassi ka Gräsla zvill derwisch."

Der Rasen war, wie gesagt, dem Georg von nebenan sein Heiligtum, und er hatte nach eigenen Aussagen nur aufpassen wollen, daß dem grünen Teppich durch dem Heiner seine Sense kein Leid geschieht. "Zerschd hodder mi oogschriea", berichtete der Heiner weiter, "I soll di Sensn nedd suu däif oosedzn, sunsd wern die Wozzln hii. Nou hodder widder gsachd, nedd suu houch, und am Rand solli a weng vorsichdi sei. Schdadd dasser frouh gween is,

167

daß sei Ungraudblandaschn amol sachkundlich behandld
werd."

Auf einmal passierte dem Heiner ein weniger sachkundi-
ges Mißgeschick - mit einem furchtbaren Schwung placierte
er die frisch geschliffene Sense ins angrenzende Rosenbeet,
und wie der Georg den Strahl seiner aufmerksamen Taschenlampe auf den Tatort richtete, lagen gut zehn geköpfte Blüten auf der Heimaterde. "Suwos", meinte der Heiner,
"koo ja bassiern. Obber nou heddns den heern solln, Herr
Richder. Dassi der Doud vo Zabo bin, hodder gsachd, und
dasser edzer scho wass, worum der immer mid anner Sensn
gmoold werd. Und verzäing solli mi, und morng schiggder
mer die Rechnung."

Da ergriff den Heiner ein heiliger Zorn: Blitzschnell
drehte er sich rum und ließ die Sense nur um Millimeter am
Georg seinen Füßen vorbeirauschen. Der nächste Schwung
hätte mit Sicherheit in die Zehe getroffen, wenn der Georg
nicht reaktionsschnell hoch gesprungen wäre. "Und nou",
sagte der Georg im Zeugenstand, "binni ausn Hubfn nimmer rauskummer, wall mer der midder Sensn dauernd
nouchganger is."

Zehn Minuten lang verfolgte der Heiner seinen Nachbarn mit dem glänzenden Bauernschwert, und zehn Minuten lang sprang der Georg mit der Taschenlampe auf und
nieder, was von weitem aussah, wie ein Glühwürmchen,
das den Schluckauf hat. Am Schluß ließ der nächtliche
Springer stark nach. "Und edzer", sagte er beim Vorlegen
seines ärztlichen Attestes, "hobbi am lingn Fouß blouß nu
a halberde grouße Zeha."

Wegen Körperverletzung wurde der Heiner zu einer
Geldstrafe von vierhundert Mark verurteilt. "Hoffendli",
sagte er, "wor des Schdiggla Zeha nedd in den Gros drinna.
Sunsd kenndn meine Hoosn leichd a Fleischvergifdung
gräing."

Mach Dir ein paar schöne Stunden

Oft geht der Otto, wie er dem Herrn Amtsgerichtsrat beiläufig mitteilte, nicht ins Kino, weil er lieber daheim vor seiner noch nicht ganz abbezahlten Studiobühne mit den Augendeckeln klappert und spätestens nach der Tagesschau im Reich der gebührenfreien Träume ist.

Nach seinem letzten Filmtheaterbesuch vor zwei Monaten wird er in Zukunft wahrscheinlich für immer auf die Genüsse der Zelluloidindustrie verzichten. "Dou schigganierns an ja", erklärte der Otto auf der Strafbank, "dassd maansd, es is a Gnade, wennsd di zwaa Schdund in suu an Glabbhulz-Sessl neizwenger derfsd."

Angegangen sind die Widrigkeiten vom Otto damit, daß er sich für sein Fünf-Mark-Billett mitten in die sehr viel höher dotierte Ehrenloge placiert hatte und schon zwei Minuten später von der Dame mit der diskreten Taschenlampe zehn Reihen weiter vor gebeten wurde. Nicht ganz ohne Geräuschkulisse, weil der Otto erstens dauernd maulte und zweitens in seiner Aktentasche fünf volle Bierflaschen schepperten, die er sich für die zwei schönen Stunden als Magenberuhigungsmittel mitgebracht hatte. "Bläid wors nadirli", berichtete der Otto dem Herrn Rat, "dassi kann Flaschneffner derbei ghabd hob."

Nach zehn Minuten rumpelte es auf einmal an der Rük-
kenlehne vom erschrockenen Vordermann ziemlich heftig.
Als der im Namen der Kultur um Ruhe bat, sagte der Otto:
"Hald dei Waffl. Ich mach doch blouß mei Bierfläschla aaf."
Nach dem dritten Schlag flog der Kronenkorken endlich
von der Flasche, und als Zugabe lief dem Vordermann ein
Viertel Liter von dem gutgeschüttelten Gerstensaft in den
Hals.

Fünf Minuten später, als der Otto seinen Beruhigungs-
saft ausgetrunken und zufrieden gerülpst hatte, schepperte
es schon wieder. "Dou hobbi aa nix derfiir kennd", sagte
er, "i hobb des Fläschla sauber am Buudn higleechd, und
aff amol is derfoo grollerd."

Der Vordermann blieb aber trotzdem ganz ruhig und
protestierte erst wieder, als ihm der Otto aus Gründen der
Entspannung seine Füße in der Finsternis auf die Schultern
legte. Da erhob sich der Franz von seinem Sitz und wollte
die Direktion um die Entfernung des ungehobelten Hinter-
manns bitten, oder um einen anderen Platz.

Weit ist der Franz allerdings nicht gekommen. "Zwaa
Schridd hobbi gmachd", rekonstruierte der Kronzeuge den
hinterhältigen Anschlag, "dou binni aa scho schdreggsder-
längs iiber den seine Fäiß driiber gfluung." Leider nicht
ganz ohne Folgen, weil nicht weit weg vom Tatort eine
Steintreppe war und dem Franz heute noch zwei Schneide-
zähne fehlen.

Wegen der nachweislich beabsichtigten Körperverletzung wurde der Otto zu einer Geldstrafe von 400 Mark
verurteilt. "Zwaa Schneidezähn fiir vierhundert Marg",
wunderte sich der Otto danach, "der mouß doch lauder
Diamandn im Maul hoom?"

Papiergerollt

Dem Dieter seine Zahlungsmittel reichten von hochhei-
ligen Versprechen über die bekannten Schüttelschecks bis
zum versilberten Hosenknopf. "Geld", war dem Fassaden-
drücker und Randsteindiogenes seine Devise, "macht nur
unglücklich und beult die Hosentaschen aus."

Wegen seiner bargeldlosen Geschäftsgepflogenheiten
mußte der Dieter jede Woche das Wirtshaus wechseln und
mindestens alle drei Monate das Stadtviertel. Für sein letztes Trinkerdomizil in der spätherbstlichen Südstadt hatte er
sich und dem Wirt zwar eine moralische Kehrtwendung
versprochen, aber nach einem zünftigen und nur wenig medizinischen Lebertest war dem Dieter sein Klingelbeutel
wieder einmal stark verödet.

"Am andern Dooch," berichtete der Wirt im Zeugenstand, "isser obber widder eigloffn, hodd glei a Rundn
Asbach gschmissn, für die Kellneri a Fläschla Seggd und
wäi i a weng dumm gschaud hob, hodder gsachd, daß scho
alles in Oddnung gäihd und dasser bragdisch im Geld
schwimmd."

Kurz vor dem Zapfenstreich belief sich dem Dieter seine
Bleche auf stolze zweihundertzweiundzwanzig Mark.
"Und walls a Schnabszohl is," verkündete er, "lou i nu
amol a Rundn reibrausn und nou zohli."

Ob der Herr Wirt, fragte der Dieter, das Geld auch so
nimmt, wie es seine Bank in die Papierrollen eingewickelt
hat, "Gwunderd", sagte der Wirt, "hobbi mi scho, wos
fiir a Bank dem a Geld gibd. Obber bevuur i däi ganzn
Margschdiggla aus di Babierrolln rausdou und nouchzill,
hobbis hald im ganzn gnummer."

Die Papierrollen erwiesen sich beim Kassensturz am anderen Tag zwar als echt, aber leider nicht der Inhalt. "In jeder Rolln", schimpfte der ebenfalls gerollte Wirtshauschef,
"hodd mer der Windbeidl a abgschniidns Messingrohr nei,
des wou genau in Durchmesser von an Margschdiggla
ghabd hodd." Worüber sich der Dieter auf der Anklagebank am allermeisten wundern mußte.

"Edzer kommer", sagte er, "nedd amol mehr der Bank
drauer. Denner däi an in di Geldrolln Messingrohre nei!
Eine Weld hom mir. Odder maaner Sie gwiis, Herr Richder, ich hob des dou?"

Der Herr Amtsgerichtsrat war leider dieser Meinung und
verurteilte ihn wegen Betrugs zu einer Geldstrafe von sechshundert Mark. "Ja, wenns asuu is", sagte der Dieter, "nou
gräichi obber aa meine Messingrohre widder." "Wohrscheins", meinte ein Hinterbänkler, "werder dou nou sei
Geldschdroof dermid zohln."

Der kühne Nichtschwimmer

Fast jeden Tag stand der Peter bis zum Hals in den grauen Fluten der städtischen Badeanstalt bis kurz vom Schüttelfrost und verbrachte so seine beschaulichen arbeitslosen Wochen als Wassertreter im Nichtschwimmerbecken. Bis zu jenem unglückseligen Zwischenfall, wegen dem er jetzt vor dem schwarzen Mann mit seiner unerbittlichen Paragraphen-Bibel stand.

Der sehr gestandenen Elfriede mit ihren gnädig geschätzten hundertachtzig Pfund hatte sich das schlüpfrige Unterwassererlebnis tief in die scheue Seele gegraben. "Suu a Sauerei", erzählte sie dem Herrn Amtsgerichtsrat, "hobbi in meine ganzn fümbfersechzg Johr nunni derlebbd."

Die ledige Anstandsdame war damals an dem schwülen Sonntagnachmittag am Beckenrand gestanden und hatte an nichts Böses gedacht. "Aff amol", erinnerte sie sich, "zabbld wos under mir im Wasser und nou mergi aa scho, wäi mer anner hiilangd - wissn'S scho wou!"

Nur Zehntelsekunden nach der unsittlichen Berührung tauchte der Peter mit einem tiefen Schnauferer auf, versank wieder und zog der Elfriede mit beiden Händen den gut gefüllten Badeanzug weit unter die sittlich zugelassene Grenze. "Vo oomer bis undn", wetterte sie, "binni aff amol naggerd dou gschdandn. Und wos glaamsn, wos des fiir a Gfredd wor, bis i den Fedzn widder driiberzuung ghabd hob. Ba däi Welln, wou der gmachd hodd."

Mit einem komischen Lächeln soll sich der Peter nach dem Attentat dann verzogen haben. "Vo weeng Lachn", verteidigte sich der angeblich unsittliche Tiefseetaucher, "i hob gmaand, mei ledzds Schdindla is kummer. Sie mäin nemli, wissn, Herr Richder, daß iich ibberhabbs nedd schwimmer koo. I bin in ganzn Dooch blouß aff die Zeherschbidzn im Wasser umernandergloffn." Und dort, wo damals die Elfriede stand, war die Demarkationslinie für Nichtschwimmer, die der Peter aus Versehen überschritten hatte. "Aff amol", berichtete er weiter, "schlächd mer es Wasser iibern Kubf zamm und fodd wori. Und in mein Doodeskambf moußi dera Frau dou ihrn Badeanzuuch derwischd hoom." Er räumte ein, daß er sie möglicherweise auch wo anders noch erwischt haben könnte, aber in seinem vermeintlich letztem Stündlein sei ihm jeder Rettungsanker willkommen gewesen.

Nach mehreren Zeugenaussagen, die dem Peter alle einen unheimlichen Schluckauf bestätigt hatten, sprach der Herr Amtsrichter, den kühnen Nichtschwimmer frei. "Wadd ner", sagte die Elfriede danach, "i derwisch die scho widder. Nou zäichi der die Boodhuusn roo und sooch, dassi dou drunder aa an Reddungsanger vermuded hobb."

Die Talfahrt
des Diogenes

Die Körpergröße ist dem Otto seine Stärke nicht gerade. Von der schweinsledernen Schuhsohle bis zum öligen Scheitel mißt der berüchtigte Aufmischer ganze hundertfünfzig Zentimeter, was ihm bei seinen Kneipenrundgängen auch schon oft Ärger gebracht hat. So wie an dem herbstlichen Abend in der Bierbar, wo der Otto nur auf Zehenspitzen über die Theke schauen hat können. "Soller di naafheem zu dein Seidler", hat der benachbarte Kleiderschrank sich hilfsbereit beim Otto dem Kurzen erkundigt, "odder langds, wemmer es Delefonbuch a weng drunderschäim."

Der vorlaute Heiner hatte kaum ausgesprochen, da ist der Otto schon aus der Jacke gesprungen und hat in die atemlose Stille gefordert: "Hobb gemmer naus - nou zeichi der scho, wou mer wos drunderschäim mäin." Daß es genauso war, bestätigte der angeklagte Heinrich jetzt vor dem hohen Gericht und daß er der witzigen Aufforderung auch gleich nachgekommen ist. "Und drausn", berichtete der gestandene Grizzly-Bär weiter, "hobbin nou am Groong baggd und fimbf Minuddn lang an di frische Lufd ghaldn. A weng iibern Buudn isser hald ghängd und middi Baaner hodder dauernd gschdrambld. Obber sundsd is nix bassierd."

Noch nicht. Aber wie der Heiner den Otto wieder aus dem Schwebegriff entlassen hat, ist der beleidigte Klein-Bürger wieder aggressiv geworden. Und gleich neben ihm ist zu seinem anschließenden Leidwesen eine recht voluminöse Mülltonne gestanden. "Wennsd etzer immer nu ka Rouh gibbsd, du Giftzwerch, du greislicher", soll der Heiner zum letztenmal gewarnt haben, "nou schäibi di dou in den Keerichdaamer nei." Sekunden später war es soweit: Mit einem verzweifelten Aufschrei verschwand der Otto kopfüber in der stinkerten Tonne - wie seinerzeit der Diogenes nur nicht ganz so freiwillig. "Obber des", wetterte der eingestampfte Otto im Zeugenstand, "wor ja nu lang nunni alles. Ich bin dou drinner im Finsdern nu umernander grabbld - aff amol schmeißt der Zigeiner däi Mülldonner um und rollerd mi in Berch nunder, genau aff die Haubdschdrass. Woss glaamsn, Herr Richder, wäis mich umernander gwirbld hodd. Und wenni nedd nach zwanzg Meder an die Hanswänd hiigrumbld wär, nou wassi nedd, obbi iberhabbds nu leem däd."

Mit einem Drehwurm dritten Grades, leichten Hautabschürfungen und ziemlich anrüchig hatte sich der Otto nach der Talfahrt befreien können. Der Heiner wurde aber dennoch freigesprochen, weil er energisch bestritt, seinen Kontrahenten in der Einweck-Tonne auch noch umgestoßen zu haben. "Der is dou drinner suu arch rumgrumbld", versicherte er glaubhaft, "daß der Aamer ganz von allaans ins Rolln kummer is."

Wechselgeld
und Fersengeld

Er muß sich wundern, sagte der Ludwig mit einem Augenaufschlag wie der Sankt Unschuld persönlich, daß er in dieser Sache als Angeklagter eingeladen worden ist, wo er doch höchstens nur eine Zeugenaussage machen kann - und nicht einmal die ganz hundertprozentig.

Eine sternenklare Rauhnacht ist es damals gewesen, in der Südstadt ist schon der Nachtfrost aufgekommen und der Vollmond stand hoch über der Humboldtstraße. "Dou globfd", erinnerte sich der Ludwig, "aff amol anner vo hindn aff mei Schulder und froochd mi, obbi zwaa einzelne Margschdiggla eischdeggn hob." Der hilfsbereite Heimwärtswackler wechselte dem ihm leider unbekannten Raucher das Zigarettengeld, womit leider nur der erste Teil der Tragödie erledigt war.

Zwei Minuten später hörte der Ludwig aus einer Nebenstraße nämlich ein dumpfes Hämmern und gleichzeitig wildes Wutgeschrei. "Dou bini nerdirli widder zrigg", erläuterte der Menschenfreund, "und wäi i an den Zigareddnaudomadn hii kumm, dou schdäihd der Moo, dem woui es Geld gwexld hob, und schreid umernander, als wenn's um Leem odder Doud ganger wär. Wäi i'n gfroochd hob, wos lous is, hodder gsachd, dasser die zwaa Märgler neigschmissn hodd, obber nix raus kummd."

Hilfsbereit, wie der Ludwig nach eigenen Angaben schon immer war, half er mit seinen kräftigen Händen aus. "Oozuung hobbi", sagte er, "dass mer der Schweiß rundergloffn is. Obber es hodd alles nix gnidzd." Erst nach einem satten Doppelschlag gab der Automat nach. Die Glasscheibe hatte ihren Geist mit einem vernehmlichen Klirren aufgegeben. Leider ausgerechnet in dem Augenblick, wie eine Funkstreife um die Ecke gekommen ist und den flüchtigen Ludwig gleich nach ein paar Metern eingeholt hat.

Warum, erkundigte sich der Herr Amtsgerichtsrat, er davongerannt ist und wie er sich erklärt, daß seine Aktentasche voller Zigarettenschachteln war. "Des wor suu", sagte der Ludwig, "däi Daschn mou den Moo seine gween sei und däi is wohrscheins am Buudn gschdandn. Und wäi iich dou aus Versehng des Gloos neighaud hob, mäin däi Zigareddn ausn Audomad raus und genau in di Daschn nei gfluung sei. Andersch koo mer iich des aa nedd erklärn. Und durchganger bin i aa nedd. Iich wolld dem blouß di Daschn widder geem, waller däi wahrscheins vergessn hodd."

Der Herr Rat erklärte es sich aber so, daß der geheimnisvolle Unbekannte vielleicht gar nicht existiert hat, und verordnete wegen Einbruchdiebstahls sechs Monate Staatspension. "Des", sagte der Ludwig nach dem Urteil, "wor etzer obber wergli es ledsde Mol, dassi jemand a Zwaamargschdiggla gwexld hob."

Peter Stuyvebrand

Dem Egon seine große Leidenschaft ist ungefähr zehn
Zentimeter lang, innen blond und außen weiß und, wie die
Lungentorpedo-Fabrik verspricht, nikotinarm im Rauch.
"Der Doggder", schnaufte der Egon mit seiner geräucher-
ten Stimme dem Herrn Amtsgerichtsrat vor. "hodd mer es
Raung scho fimbferzwanzg Mol verbudn, walli aff der Lun-
ger scho a weng an Schloochschaddn hob. Und wenn mi
mei Alde midder Zigaredden am Abbodd derwischd, nou is
der Deifl lous. Obber es nizd alles nix - wenns nedd gwalmd,
nou binni nedd gsund."

Der Otto, der die Leiden des jungen Bahnwärters schon
länger verfolgt hatte, und nach eigenen Angaben über meta-
physische Kräfte verfügt, hatte dem Egon eine Woche vor
Weihnachten in die Lunge hinein versprochen, daß er ihn
innerhalb von zehn Minuten und für ein einmaliges Honorar von fünfzig Mark für immer vom hartnäckigen HB-

Männchen befreit. "A Sidzung mäimer machn, hodder gsachd", erzählte der Herr Kettenraucher, "und zwoor genau um Middernachd und ich brauch mi blouß ganz arch kondensiern, odder wäi des haßd."

Am letzten Freitag vor Heilig Abend saß der Egon also seinem Laiendoktor am Wirtshaustisch gegenüber, schob die fünfzig Mark Zigarettengeld über die Eichenplatte und schaute dem Otto befehlsgemäß in die versoffenen Augen. "Nou hodder", erinnerte sich der Egon, "suu Zauberschbrichla gmurmld, wäi 'Heilicher Baliwoda, bidd für uns", nou hodder mer a Zigereddla riiberglangd und hodds mer oozind."

Der Egon zog an, daß die Bronchien in der Wirtshausstille hörbar klapperten, inhalierte bis tief in die große Zehe, zog noch einmal - und dann nicht mehr. "Aff amol", berichtete er mit schmerzerfülltem Gesicht weiter, "doud des an drummer Schlooch, daß mer halmi die Waffl zerrissn hodd, und a Schdichflammer is aus dera Zigareddn rauskummer, wäi wenn der Blidz eigschloong hädd."

Es war aber kein Blitz, sondern eine gut dosierte Portion Schwarzpulver, mit der der Otto den Heilungsprozeß für die Zuschauer ein bißchen interessanter gestalten hat wollen. "Indressand", sagt der Egon, "wors scho. Mei Schnorrn is wechbrennd wäi Zunder, meine Zähn worn kullnschwarz und drei Wochn lang hobbi blouß mid an Röhrla essn kenner, wall mei Goschn suu verschuum wor."

Der Otto entschuldigte sich bei seinem Freund für die Überdosis Schießpulver und nahm die zweihundert Mark Geldstrafe wegen Körperverletzung an. "Hosd wos zon Raung", fragte der Herr Kettenraucher schon fast wieder versöhnt nach der Verhandlung seinen Heilpraktiker, "obber wenns gäihd, ohne Feierwerg."

Viele Köche
verderben den Brei

Der Adolf ist ein tief überzeugter Junggeselle vom leicht
gerupften Scheitel bis zur durchgelaufenen Sohle und verzichtet deswegen meistens auf selbstgemachte Menüs am
eigenen Herd. Fast täglich pflegt er seinen bescheidenen
Hunger im Gasthaus gleich um die Ecke zu stillen, wo der
penetrante Gourmet bekannt ist wie ein bunter Hund und
der Chefkellner immer ein Stoßgebet an die geräucherte
Wirtshausdecke schickt, wenn der Adolf mit seinem pen-
sionierten Polizeiblick punkt zwölf Uhr im Türrahmen er-
scheint. Weil der Meckermeister nämlich sein Herz direkt
auf der sensiblen Zunge trägt.

"Aamol", sagte der Kellner Anton im Zeugenstand des
sehr hohen Gerichts, "is nern di Subbn z'kald, aamol
z'haaß. Nou sin di Kniidla nedd richdi gsalzn odder im

Schbargl fehld der Essich - irchndwos is jedn Dooch." An
dem schmerzhaften Tag, den der Anton so schnell nicht vergessen wird, ist dem Adolf die Spargelcremesuppe eine
Kleinigkeit zu unterkühlt gewesen. "Nu a bissler kälder",
soll er zum Herrn Ober gesagt haben, "nou koo mer im
Deller a Hetschlbahn aafzäing."

Befehlsgemäß - und angeblich mit einem hinterlistigen
Augenzwinkern - gab der Anton die Suppe dem Koch zurück mit der dringenden Bitte um Erhitzung. "I hoob ganz
genau zougschaud", berichtete der Adolf auf der Anklagebank, "des wor nämlich eine Verschwörung geecher miich."
Wie ein ausgekochter Privatdetektiv, erzählte er weiter,
habe er hinter der Zeitung die Attacke der zwei Verschwö-
rer gegen sich und seine Gesundheit beobachtet: "Wäi der
Koch di Subbn widder durchs Fensterla durchglangd hodd,
mouß däi mindesdens hunderdfuchzg Grood Hitz ghabd
hoom - suu hodds dambfd. Nou hodder in Kellner
oogrinsd, is middn Kubf a weng zrigg und hodd middn in
Deller neigschbozd. I hobbs sugoor bladschn heern. Und
nou hodd der Kellner neigschbozd. Di Welln hodd mer nu
gseeng, wäiers mer an Diisch hiigschdelld hodd."

Der Küchenchef und der Herr Serviermeister bestritten
die zusätzliche Würzung der Spargelcremesuppe auch vor
Gericht energisch - nur dem Adolf sein Gegenangriff stand
unbestreitbar fest. "Hald amol dei Händ aaf", befahl er
dem untertänigsten Oberkellner, was der Anton vermutlich in Erwartung eines größeren Trinkgeldes auch machte.
"Und nou", jammerte der Anton, "hodder mer den ganzn
Deller midd der haaßn Subbn in di Händ neigschidd."

Wegen der Brandblasenstiftung wurde Adolf zu einer
Geldstrafe von hundert Mark verurteilt. "In Zukumbfd",
sagte er nach dem Urteil, "essi widder dahamm. Wall zu aaf-
kochde Kudderla langer meine Kenndnisse allerwall nu."

Shice it yourself

In der Steinzeit menschlicher Hygiene, wo ein rustikaler Plumpsabort ausgesprochen progressiv war und Schmeißfliegen noch zu den Haustieren zählten, da hätte der Erwin mit dem Düngen seiner Rettichplantage nicht solche Schwierigkeiten gehabt. "Fräihers", dozierte der rein wissenschaftlich orientierte Schrebergärtner vor dem Amtsgericht, "wou der Odl nu a Odl wor, dou hodd mer es Gmiis ausn Gaddn nu essn kenner. Obber heid schmeggd doch alles nach Chemie. Und wensd Gligg hosd, nou mischns der in dei Middochessn nu a weng a E sechshundertfimbf nei."

Deswegen hatte sich der Erwin im verschwiegensten Eckchen seiner Hinterhof-Agrikultur einen sehr stattlichen Komposthaufen gezüchtet, in dessen Nähe es so roch wie in der guten alten Zeit vor jedem Bauernhof. Die Vorstadt-Misten war dem Erwin sein ganzer Stolz - nur hatte er schon seit Jahren Nachschubschwierigkeiten gehabt. Und als er endlich eine Lösung des Problems gefunden hatte, da hat die Frau Nachbarin, die direkt hinter der Düngerfabrik wohnt, entschieden Anstoß genommen. "Geecher den Gschdank", sagte die Kronzeugin der Anklage, "häddi ja gornix gsachd, wall mer den blouß ba Ostwind gmergd hodd. Obber daß der ball jedn Dooch sei Odlgruum selber aafgfilld hodd - also des wor a ausgschbrochne Sauerei."

Meistens nach Einbruch der Dämmerung schlich der Erwin nämlich zu seiner privaten Jauchestation, prüfte wie ein scheues Reh nach allen Seiten vorsichtig, ob die Luft rein war, und erledigte dann im Freien das, was Normalbürger viel ungestörter über der Closchüssel vollziehen. "A Zeid lang", erinnerte sich die empörte Nachbarin, "hodder sugor sei Frau naus am Kombosdhaufn gschiggd. Obber däi hodd si nou wohscheinli nimmer suu rechd draud."

Beim Erwin allerdings überwog die Sorge ums gesunde Gemüse das Schamgefühl. Und so erschien das Darmol-Männchen trotz mehrerer Proteste abend für abend zur Odel-Produktion hinterm Haus. "Wenns di Nachbari nimmer ausghaldn hodd", verteidigt sich der Freiluft-Stuhlgänger, "nou verschdäih i nedd, worums immer riibergsçhaud hodd. Des is doch genauersuu, wäi wemmer anner dauernd in mei Abboddfenster neischaud."

Der Ansicht war das hohe Gericht leider nicht und verurteilte den Erwin wegen Erregung öffentlichen Ärgernisses zu einer Geldstrafe von hundert Mark mit einem gleichzeitigen Verbot der Notdurftsitzungen im Freien für alle Ewigkeit. "Dou", sagte der Landschaftsmaler traurig, "wernsi obber meine Reddich gornedd freier."

Schweinshaxn-Razzia

"Homs amol", fragte der Herr im halbamtlichen Gesta-po-Trenchcoat den Emil streng vertraulich, "a Verddl-schdindla Zeid für miich." Der Emil, Chef der dörflichen Selbstbedienungskrämerei, witterte Unheil und bat den geheimnisvollen Gentleman ins Hinterstübchen. Dort hielt der Herr Kommissar dem schlotternden Emil einen Aus-weis unter die bebenden Nasenflügel, gab sich als unerbitt-licher Vollstrecker der Gesundheitspolizei zu erkennen und kündigte eine umfassende Schweinshaxn-Razzia an.

"In Ihrn Loodn", sagte der Schimmelpilz-Detektiv, "soll Schweinefleisch vo der Freibank verkaffd wern und schdingerde Konservn." Der Emil schwor beim heiligen Nepomuk, daß es sich da nur um eine Verleumdung seitens der neidischen Konkurrenz im Nachbardorf handeln kann, daß seine Konserven taufrisch wie ein junger Frühlingstag sind und daß er die Freibank am Schlachthof nur vom Weg-schauen kennt.

Aus lauter Angst vor dem unerbittlichen Holzauge des Gesetzes gestattete er aber trotzdem, daß der Schnitzel-Polizist die inkriminierten Fressalien zur amtlichen Unter-suchung mitnehmen durfte. In Untersuchungshaft kamen so cirka ein halber Zentner Schweinefleisch, für zweihun-dert Mark Konservendosen vom zentralsibirischen Kaviar bis zur Ochsenschwanzsuppe, der gesamte Bestand an Büchsen-Spargel, und auch das Spirituosenlager schaute nach der gesundheitsamtlichen Heimsuchung recht ge-rupft aus.

"Wäi er den Schnaps aa in sei Audo eigloodn hodd", er-zählte der Emil bei der Verhandlung gegen den angeblichen Gesundheitspolizisten, "is mer des scho a weng komisch vuurkommer. Obber i hob mer dengd, der werd scho wissn, worum er dess miidnimmd."

Der angebliche Herr Amtmann, der leider keiner war, wußte es schon: Das Schweinefleisch verwendete er für den Eigenbedarf und den Rest des genialen Beutezuges ver-schepperte er so nach und nach zum sehr günstigen Preis und mit hundert Prozent Gewinn. "Fiir miich", sagte der Angeklagte in seinem knapp gefaßten Plädoyer, "wor des original a Mundraub, und dou werd wohrscheins a Frei-schbruch rausschauer."

Von einem Mundraub, meinte der Herr Rat, kann keine Rede sein, weil man seinen Hunger ja auch nicht unbedingt mit Kognak, Krimsekt und echtem Kaviar stillen muß. Wegen Betrugs und Amtsanmaßung muß der einschlägig bekannte Kommissar ein Jahr und drei Monate in die Staatspension "zum fröhlichen Kalfaktor" umziehen. "Dou gräigsd aa ann Kawiar", frohlockte der Emil nach dem Urteil. "Obber am Baggn naaf."

Die Detektivin
im Kofferraum

Arbeitszeitmäßig hätte der Benno ein Gehalt haben müssen, wie der Rothschild und der Schickedanz zusammen, weil der pensionsberechtigte Aktenordner nämlich fast rund um die Uhr im Streß war. So oder so ähnlich hatte es der geschlauchte Oberinspektor jedenfalls immer seinem spätherbstlichen Hausdrachen erklärt, wenn er früh um fünf pünktlich zum Frühstück von irgendwelchen Überstunden und unheimlich strapaziösen Dienstreisen an den häuslichen Herd heimgewankt ist.

Ein Jahr lang hatte die Mathilde die unterbezahlten Überbelastungen stillschweigend hingenommen, bis sie in einer Stunde der Erleuchtung auf die Idee gekommen ist, daß ihr biederer Benno nach Feierabend vielleicht minnedienstlich tätig sein könnte. "Amol", berichtete die Angeklagte dem Herrn Amtsgerichtsrat, "binni in sein Biroo drinner gween und dou is a suu a Freilein drinner ghoggd, wissn'S scho, asuu a aafblousne. Und däi hodd nern immer Aung hiidreed, wäi wenn mei Alder der Abollo berseenli gween wär. Und dou hobbi nerdirli bescheid gwissd mid seine Iiberschdundn."

Wie der Benno dann wieder einmal daheim telefonisch angekündigt hatte, daß es wahrscheinlich später wird wegen dem Aufarbeiten von irgendwelchen Akten, schritt die Mathilde zur Aufklärung. "Deine naggerdn Aggdn kenni scho", sagte sie, ließ sich mit dem Zweitschlüssel vom Benno seinem Dienstwagen im Taxi zum amtlichen Park-platz chauffieren und krabbelte zur besseren Beobachtung der Überstunden in den Kofferraum.

"Hexdns zwanzg Minuddn schbeeder", erinnerte sie sich, "isser aa scho eigschdiing mid sein zwabaanerdn Aggdn-ordner. Nou simmer a weng rumgfoorn zu dridd und suwos nachera Väddlschund hodd es Audo ghaldn und nou hobbi gheerd, wäi sie gsachd hodd 'Schatzi, dou hald in Sitz a weng zrigg, nou gäihds doch besser'."

An dem Abend ging es aber leider überhaupt nicht. Die Mathilde befreite sich aus ihrem Beobachtungsstand, riß die Tür vom Wagen auf und servierte der halb entblößten Sekretärin zwei Watschn, an die die Sekretärin bestimmt noch lange denkt. "Drei Schneidezähn", berich-tete die verprügelte Zeugin, "simmer abbrochn und an Schogg hobbi fiir mei ganz Leem."

Der Herr Rat verurteilte die Kofferraum-Detektivin zu einer Geldstrafe von sechshundert Mark - mildernde Um-stände schon abgezogen, weil der Schock, wie der Amts-richter ausführte, auch für eine Ehefrau recht groß ist, wenn sie ihren Gemahl in flagranti erwischt. "In flagrandi", sagte die Mathilde, "wors fei nedd - des mouß dou draußn in dem Wäldla ba Almoshuuf gween sei."

Der gute Ton

Die gute Kinderstube ist beim Paul seiner Erziehung bestimmt nicht das größte Zimmer gewesen, und gemessen an seinen Umgangsformen ist ein frisch aus dem Urwald importierter Affe noch ein hochzivilisiertes Wesen. So ähnlich jedenfalls hat ihn der Helmut auf der Anklagebank vom Amtsgericht geschildert, der mit dem Stiefkind vom Doktor Knigge an einem beschaulichen Wirtshaus-Nachmittag diesbezügliche Erfahrungen gesammelt hatte. "Wemmer an den Dooch", erzählte der Helmut, "a Wildsau geengiiber gsessn wär, nou wärs wohrscheins aa nedd schlimmer gween."

Zur Begrüßung hatte der Paul damals gleich mit der Faust auf den Tisch geklopft, daß dem Helmut sein Mittagsschnaps sich mit einem Schnalzer aus dem Glas verabschiedet hat. Danach hat er sich mit den extra dafür bereitgestellten Zahnstochern die Frühstücksreste im Mund entfernt, die Ohren gereinigt und die Fingernägel vom Staub der Vorstadt befreit. "Zu den Zeidbungd", berichtete sein entsetzter Tischnachbar, "is mer scho richdi schlechd gween. Obber es is ja nu vill schlimmer kummer."

Zwölf Bratwürst mit Kraut hatte sich der Paul wie ein Schaufelbagger unter die Schnorrn gewürgt, eine Portion Spargel extra und drei Halbe Bier. Und dann hat er gerülpst, daß die Butzenscheiben vom Lokal in leichte Schwingungen gekommen sind. "Obber des", jammerte der Helmut, "wor immer nunni alles. Aff amol isser a weng aafgschdandn und hodd, mäins scho endschuldichn Herr Richder - iich wors ja nedd, und hodd an zäing loun, wissn S' scho. Obber kann leisn." "Hobbla", soll der Paul nach der hinterrücksen Entgleisung gesagt haben, "des wor is Sauergraud."

Zum Nachtisch, wie beim käsweißen Helmut gerade die Tagessuppe serviert worden ist, hat sich der unfeine Herr noch einmal erhoben und seinem Nachbarn den kleinen Finger gereicht mit der inständigen Bitte, daß er einmal spaßhalber dran ziehen soll. "Iich Debb zäich oo", erzählte der Helmut, "und nou hodds ba den in der Huusn scho widder gschebberd. Und nou hodder aa nu rechd dreggerd glachd."

Das hätte der aber nicht tun sollen. Der Helmut hatte den Finger noch in der Hand, zog ein zweites Mal so kräftig, daß der Paul stark aus dem Gleichgewicht kam und nach einem zusätzlichen Schlag mit der anderen Hand bis zu den Ohren in der gut gewärmten Tagessuppe lag. Mit starken Verbrennungen von der Suppe und tiefen Schnittwunden vom Teller mußte er in die Unfallklinik transportiert werden.

Wegen Körperverletzung wurde der Helmut zu einer Geldstrafe von vierhundert Mark verurteilt. "Ja, ja", sagte der Paul mit dem Finger bis zum Anschlag in der Nase zu seinem Prozeßgegner beim Hinausgehen, "benehmer mou mer si hald kenner."

Die Welt des Sports ist unsere Welt.

Der Nackerte mit
der Augenbinde

Wenn der Ernst nachts nicht mindestens seine zehn Stunden Tiefschlaf hat, dann ist er am andern Tag ungenießbar wie ein Knollenblätterpilz, und seine ohnehin recht sensiblen Nervenstränge geraten schon bei der kleinsten Berührung in starke Vibrationen.

Deswegen hat der Siebenschläfer seine heilige Schnarchzeit auch richtig kultiviert. Ganz flach muß er liegen, erläuterte er dem hohen und erstaunten Gericht, zugedeckt darf er nur mit einem leichten Leinentuch sein, weil er sonst Platzangst kriegt, über den Augen muß er eine schwarze Binde haben und auf die Bekleidung seines stämmigen Unterkörpers verzichtet er auch in den kalten Wintermonaten.

So lag der Ernst auch am Faschingsdienstag pünktlich um neun Uhr auf seiner Stahlfedermatratze und wartete trotz strenger Einhaltung seiner Schlaf-Maßnahmen vergeblich auf das sehnlichst erwartete Sandmännchen. "In der Wohnung iiber mir", erklärte er dem Herrn Amtsgerichtsrat, "mouß nemli zur gleichn Zeid der Griich ausbrochn sei. Dou hodds gschebberd und grumbld, dassi ner blouß asu in mein Bedd umernander gfluung bin."

Um einen Krieg handelte es sich bei den Nachbarn im Oberstübchen zwar nicht, aber um einen recht zünftigen Faschingsball. ”Und ummer Middernachd rum“, erzählte der Ernst auf der Anklagebank weiter, ”hobb i immer nu ka Auch zoudou ghabd und nou is mid meiner Geduld endgildi vorbei gween.“

Wutentbrannt rumpelte er aus der Bettstatt, rannte ein Stockwerk höher und läutete bei den fidelen Nachbarn Sturm. Vor lauter Zorn über die Ruhestörer hatte der Ernst aber leider vergessen, daß er rein äußerlich nicht so recht salonfähig war. Und so bot sich der erschrockenen Hausfrau im dritten Stock beim vorsichtigen Öffnen der Tür ein sehr sonderbarer Anblick. Vor ihr stand ein eindeutig männliches Wesen mit einem Reformhaus-Janker aus Angorafell bis zum Bauch, in jedem Ohr einen schallschluckenden Stöpsel, eine schwarze Binde über den Augen und vom Nabel abwärts entblößt.

”Fasching hii odder her,“ sagte die Frau Nachbarin im Zeugenstand, ”fiir miich wor des a Schogg fiirs ganze Leem. Des mäinsersi amol vuurschdelln, Herr Richder. Dou schellds draußn, du maggsd aaf und nou schdäid anner in der Diir blouß midd su an Jäggla oo und anner schwazzn Masgn im Gsichd - also miich hädd ball der Schlooch droffn.“

Nach längerer Beratung mußte sich der Ernst für seinen nackerten Auftritt mit reuevollem Augenaufschlag entschuldigen und hoch und heilig versichern, daß es sich dabei nicht um ein sexuelles Bedürfnis gehandelt hat. Dafür wurde das Verfahren gegen ihn wegen unzüchtiger Handlungen eingestellt. ”Soller si“, meinte ein Zuhörer danach, ”hald asu a schwazze Bindn, wou er immer iiber die Aung hodd, aa fiir undn rum kaafn.“

Die größte Wildsau
von Mitteleuropa

Was das Triebleben und seine diversen Abarten betrifft, ist der Otto eine ausgesprochene Kapazität. Allerdings nur in der Theorie. Die Anschriften von lokalen Nummerngirls weiß er auswendig, seine Schlüpfrigkeiten-Bibliothek hat fast einen Umfang wie das Stadtarchiv, und mit seiner Filmsammlung über exquisite Leibesübungen könnte der Hansdampf auf allen Hasen den Vatikanstaat mindestens fünf Jahre lang terrorisieren.

Im letzten Fasching hatte der Otto seinem Dämmerschoppen-Klub einen heißen Herrenabend versprochen, auf dem vor allem filmische Meisterwerke der Pornographie zum Vortrag gelangen sollten. Als Höhepunkt der schwülen Soiree war ein Zehn-Minuten-Streifen aus der Hand des Meisters persönlich angekündigt, mit dem vielversprechenden Titel "Auf und nieder, immer wieder".

"Den Film", erzählte der Herr Regisseur im Zeugenstand, "hobbi scho vuur fimbf Johr drehd, wou ba uns die Leid di Bonnografie nu fiir a griechische Rachegöttin ghaldn hom." Praktisch also in der Steinzeit der Erotik hat-

te der fingerfertige Kameramann eine Gostenhofer Volks-
schauspielerin aufgerissen, die in dem biologischen Aufklä-
rungswerk fast ohne Gage als Hauptdarstellerin mitwirkte.
Und um dieses füllige Bettstatt-Starlet ging es vor allem in
der Verhandlung.

Nachdem die Randstein-Lollobrigida beim Herrenabend
auf der Leinwand zeigte, wie es im Frühling auch die
Schmetterlinge machen, ging auf einmal das Licht im
Wohnzimmer-Kino an und der Willi, der jetzt auf der Anklagebank saß, brüllte den Otto an, als wenn er der Direktor von der Sittenpolizei gewesen wäre. Daß er, der Otto,
die größte Wildsau von Mitteleuropa ist, daß ihm wahrscheinlich gar nichts heilig ist und daß er ihn ins Zuchthaus
bringt.

Zunächst brachte er den sehr erstaunten Otto allerdings
in die Unfallklinik. "Di Leinwand hodder mer auf-
gschlidzd", gab der Otto zu Protokoll, "und nou hodder in
Brojeggder gnummer und hodd mern affn Kupf naafghaut."
Gleich nach der Holzhammer-Narkose vom Willi mußte
drei Häuser weiter noch jemand dran glauben: Die Liese-
lotte, die mit dem Otto seit einem Jahr verlobt war und die
der zornige Bräutigam schon nach ein paar Minuten als die
hupferte Straps-Germania in dem Film "Auf und nieder,
immer wieder" erkannt hatte. "Zwaa solche Watschn", erinnerte sich die Liesel als Zeugin, "hobbi in mein ganzn
Lehm nunni gfaßd."

Wegen Körperverletzung in zwei Fällen mußte der
schlagkräftige Sittenwächter insgesamt eine Geldstrafe von
tausend Mark in die Staatskasse einlegen. "I mecherd blouß
wissn", sagte der Willi danach am Treppenaufgang zur Gerechtigkeit, "wos der Richder macherd, wenner im Kino is,
und aff amol sei Alde naggerd midm Schdier vo Gostnhuuf
umernanderhubfn sichd."

Der unschöne Brunnen

Eigentlich ist der Herbert ein Mensch, der im Paragraphen-Chinesisch unbescholten heißt, weil sein Knast-Konto noch keine einzige Eintragung aufweist und der Herr Rat sich erst mit seinem seelischen Innenleben vertraut machen mußte. Beim Herbert stieß der Seelenforscher aber gleich bei der Außenschicht auf Granit. "Iiber miich", verkündete er auf dem Bankerl der Ungerechtigkeit, "soochi nix und an des, wos in derer Nachd bassierd sei soll, koo i mi nemmer erinnern und drum soochi dou aa nix."

Erinnern konnte sich nur noch die standhafte Babette an die denkwürdige Dezembernacht im vorigen Jahr. Der elektrische Mesner von der Lorenzkirche hatte gerade sein Mitternachtswunschkonzert für schlaflose Nachbarn ausläuten lassen, von der Pegnitz ist ein frostiger Wind durch die Königstraße gefegt und die Babette, die in einem Alter ist, wo man auch nach der Geisterstunde keine Angst mehr vor Vergewaltigungen zu haben braucht, war auf dem Heimweg vom Dämmerschoppen.

Gleich nach dem Brautportal vermutete sie, daß das Wasser- und Schiffahrtsamt an der Lorenzkirche eine neue Filiale aufgemacht hat. "Gsehng hobbi zerschd nix", gab sie zu Protokoll, "obber blädscherd hodds wäi a glanne Sindflud." Ein paar Meter später sah sie dann auch, daß es sich weder um einen Rohrbruch, noch um die Sintflut handelte, sondern um den Herbert und einen unheimlichen Druck auf seine Konfirmandenblase.

Weil sie das Brautportal nicht für den geeignetsten Platz zum Erleichtern hielt, klopfte die Babette dem unschönen Brunnen auf die Schulter und bat um eine Tatortverlegung im Namen Gottes. Was dann kam. war aber noch viel unfeiner. "Der hoddsi rumdreht", sagte das Opfer des Wandbemalers hinter der hohlen Hand zum Gericht, "und hodd gsachd, dassi a alde Dreegsau bin, wallin dou ba einer intimen Sache oogschrbochn hob und dassersi wundern mouß, wou iich doch scho schdark aff die achzich gäih."

Das Schlimmste waren aber nicht die Beleidigung, sondern die Vergeßlichkeit vom Herbert. Beim Rumdrehen damals war er nämlich leider noch nicht fertig mit seinen Löscharbeiten. Und so hing trotz Bodenfrostes das C-Rohr unbemerkt im Freien, das Wasser lief weiter und die frontal benetzte Babette wäre beinahe in Ohnmacht gefallen. "Wäi er ferddi wor", erinnerte sie sich, "hodder gsachd, daß nern etzer besser gäiht und nou isser weider ganger."

Für den Herbert sprach lediglich sein jungfräuliches Strafregister und angeblich fünf Maß Bier, die er nicht mehr aufhalten hat können damals, und daß die Babette ziemlich kurzsichtig ist. Wegen Beleidigung wurde er zu einer Überweisung von sechshundert Mark verurteilt. "Und die Reinichung vo mein Klaad zohldsd mehr fei aa nu", rief ihm die Babette am Gang vom Amtsgericht nach, "du Huusnbrunzer, du gscherder".

Ohne Gewähr

Den Samstagabend pflegte der Gustl in seiner ange-
stammten Bier-Berieselungsanlage gleich um die Ecke zu
verbringen. So zwischen der fünften und sechsten Halben
bat er meistens den Kneipen-Vorsteher, seinen rostigen
Volksempfänger auf der morschen Konsole auf doppelte
Zimmerlautstärke zu stellen, befahl strikte Ruhe im Saal
und lauschte mit Inbrunst und gespitztem Kugelschreiber
den Lottozahlen. "Fimbf Johr lang", rechnete der Herr
Wirt vor Gericht zurück, "machd der des scho und jeds
Mol sachder, daß sei Schdindla scho nu schlächd und daß
mer blouß wardn kenner mouß."

An dem aktenkundigen Abend hatte die Stammtischbe-
setzung samt dem Theken-Chef beschlossen, eigenhändig
ins Schicksal vom Gustl einzugreifen. Eine halbe Stunde
hatte der Lottokönig in spe schon seinen Schein auf dem
Eichentisch liegen, als sich endlich der Dampf-Funk mit
den Spätnachrichten meldete. Nach dem Wetterbericht
knackte es im Gerät und dann gab eine leicht angesäuselte
Stimme die Fünfhunderttausend-Mark-Zahlen durch:
"Fünf, elf, zwölf, einundzwanzig, äh hobbla, dreiund-

zwanzig, hick, sechsunddreißig, Zusatzdings äh Zohl achtzehn. Wie immer ohne Gegenwehr."

Der Gustl war inzwischen leichenblaß geworden, stierte wie eine hypnotisierte Kuh auf die Decke, bekreuzigte sich dreimal und befahl dann mit brüchiger Stimme Schnaps für das ganze Lokal. "An Sechser mit Zusatzzohl, alles richdi", flüsterte er, "etz mou i aafbassn, daß i nedd nersch wer."

Trotz der selbst auferlegten Vorsichtsmaßnahmen läutete er gegen Mitternacht seinen Chef telefonisch aus dem Bett, erläuterte ihm eindringlich, daß er das größte Rindvieh zwischen Hammerfest und Palermo ist und daß er ihm am Montag höchstpersönlich vor's Büro pinkelt, was seine letzte Amtshandlung in der Schwindelfirma sein wird. Früh um drei war der vermeintliche Halbmillionär in einem Zustand, wie man ihn höchstens mit Brennspiritus erreicht, und auf seinem Bierfilzl hatte sich ein Betrag summiert, der in etwa dem Jahresumsatz der Wirtschaft entsprach.

"Sie hätten aber doch", sagte der Herr Amtsgerichtsrat zum Gustl, "merken müssen, daß die Lottozahlen der Wirt über seinen Kassettenrecorder durchgegeben hat." Leider hatte der Gustl aber gar nichts gemerkt. Erst am Montag hat ihm die Frau Nachbarin in der Lotto-Annahme nach heftigen Auseinandersetzungen mitteilen können, daß es nur ein Dreier ist und daß er wahrscheinlich vier Mark gewonnen hat.

Für die gigantische Zeche am Samstagabend mußte laut Gerichtsbeschluß allerdings der Wirt selber aufkommen, weil er den selbst inszenierten Irrtum nicht rechtzeitig aufgeklärt hat. Aber die Beleidigung des Chefs kostete dem Gustl hundert Mark. "Bin i ner frouh", sagte der verhinderte Millionär, "daß i mer den Sechshunderter Mercedes net beschdelld hob."

Der Schattenboxer

Seit es einmal jährlich auf der saueren Gemeindewiese ein Bierzelt gibt, sind die Kirchweihabende vom Franz nur noch wenig weihevoll. Vom Anstich am Freitag bis zum blauen Montag befindet sich der Dorfalkoholiker meistens im Dauerrausch und ist dabei vor zwei Jahren schon einmal straffällig geworden, wo er mit mehr Korn als Kimme versehen der Frau Schießbudenbesitzerin mit einem luftgetriebenen Henrystutzen einen Schneidezahn aus der Porzellankollektion herausgeschossen hat.

Heuer hat er sich nach seinem gehörigen Gurgel-Durchzug für das Kinderkarussell interessiert, das zu der mitternächtlichen Stunde allerdings schon stillgelegt war. Dreimal ist er mit einem starken Schnackler in den Kniekehlen um das elektrische Fahrgeschäft gewankt, wie es der Georg aus seinem Wohnwagenfenster argwöhnisch beobachtet hatte, und dann vor dem unschuldigen Feuerwehrauto stehen geblieben.

"Schau mi nedd suu bläid oo", hat der Franz den Pappmache-Löschmann auf der Leiter angeschrien, "sunsd hauer der anne in dei Lädschn nei." Der Feuerwehrmann rührte sich nicht. "Bisd gwiss wos Bessers", fragte der Franz nach, "wallsd nix reddsd mid mir?" Der Pappkamerad auf der kleinen Drehleiter verhielt sich immer noch still und hielt standhaft das nachgemachte C-Rohr auf den nur innerlich befeuchteten Gesprächspartner. "Dou den Schlauch wech", befahl der Franz, "odder es schäbberd wergli!" Nach zwei weiteren erfolglosen Warnungen schlug der Franz blitzschnell zu.

Der standhafte Feuerwehrmann rührte sich aber immer noch nicht, nur dem Franz seine beiden Fäuste schauten aus, als wenn er sie ein paar mal über ein Reibeisen gezogen hätte. "Wäi i nou aus mein Wohnwoong rausgrumbld bin", berichtete der Karussellbesitzer Georg, "hodder scho von an andern Audo di Diir rausgrissn ghabd und hodd grood neigrabbln wolln. Und gschriea hodder dauernd 'I hob an umbrachd, i schdell mi freiwillich'."

Wie der Georg den Franz dann verhältnismäßig höflich gefragt hat, was er in dem Spielzeugauto will, ist der Karussellmörder aber schon wieder frech geworden. "Hau ab dou", hat der geschrien, "des is mei Daxi. Iich hob aa waddn mäin, bis ans kummer is." Und dann hat er dem Georg vorsorglich auch gleich eine eingeschenkt.

Auf der Anklagebank konnte er sich jetzt leider an gar nichts mehr erinnern, was den Herrn Amtsgerichtsrat aber nur wenig beeindruckte. Wegen seinem gesegneten Vollrausch und der einschlägigen Vorstrafe verordnete das hohe Gericht sechs Monate auf Bewährung und eine Geldbuße von 800 Mark.

Raucherlunge
mit Salzkartoffeln

Den Karfreitag im vergangenen Jahr wird der Max und sein nicht ganz reinrassiger Werwolf namens Lumpi nicht so schnell vergessen. "Nedd daß maaner, Herr Oberrichder", erklärte der Angeklagte dem hohen Schriftgelehrten hinterm Gesetzbuch sein Glaubensbekenntnis, "i bin ka Christ odder i hob wos geecher die Kerch - obber seid zwanzg Johr eß iich am Freidooch in meiner Werdschafd a Lingla und mei Lumpi aa. Wall mer alle zwaa kann Fiisch nedd meeng."

Auch an dem aktenkundigen Karfreitag hatte der Kochtopf-Ketzer Lunge mit Salzkartoffeln bestellt. Daß sein Tischnachbar an dem Tag so eine Art Freizeit-Kardinal von der Diözese Gibitzenhof war, wußte der Max leider nicht. Schon bei der Bestellung des Todsündenmenüs ist dem frommen Nachbarn das letzte Stück vom Feiertagskarpfen fast am Knorpel hängengeblieben und wie der fleischliche Hochgenuß in zweifacher Ausfertigung - einmal überm

Tisch für den Max und einmal drunter für den Lumpi - dann
serviert worden ist, muß dem Reservepapst vis-à-vis das
Gebetbuch in der Tasche aufgegangen sein. Als seine Er-
mahnungen unter besonderem Hinweis aufs zu erwartende
Fegefeuer nur wenig fruchteten, verlegte sich der fromme
Herr Nachbar auf mehr irdische Attacken.

"Des Zeich schaud aus", teilte er dem Max beim genüßli-
chen Schlürfen mit, "als wenns scho amol anner gessn
hädd. Und in ledzder Zeid härd mer immer suvill vo Dri-
chiiner - i glaab dou siech i aa a boar umanandergrabbln."
Jetzt drückte es dem Max leicht auf dem Knorpel.

Es kam aber noch schlimmer. "Koo des sei", fragte der
Apostel scheinheilig, wie sich der Max sein Maul gerade
randvoll geschlichtet hatte, "daß der dou di Kellneri a Rau-
cherlunger brachd hodd, walls gor suu schwarz is".

Da konnte der Max seinen Verdauungstrakt leider nicht
mehr beherrschen und seine kräftigen Oberarmmuskeln
auch nicht mehr. Dem Gericht erklärte er die Eskalation
der Kampfhandlungen so: "Erschd hobbi schbeier mäin.
Dou koo i obber wergli nix derfiir und dassin vo oom bis
undn droffn hob, dou isser aa selber droo schuld. Und nou
hobbin hald nu anner aff sei bläider Waffl nafghaud." Allerdings mit Unterstützung des halbvollen Tellers. "Und sei
Hund", machte der Kronzeuge noch geltend, "der wou suu
grouß is wäi a Kouh, der hod mi nu gscheid ins Baa nei-
bissn."

Der Max wurde wegen Körperverletzung zu einer Geldstrafe von zweihundert Mark verurteilt und der Lumpi zum
lebenslänglichen Tragen eines Maulkorbs. "Wär gscheider
gween", sagte der Max beim Hinausgehen zu seinem Rie-
sen-Zamperl, "dem Hirnheiner dou dädns an Maulkorb
rumhänger, dasser nedd su bläid derheerredn koo."

Ein Maul voll Heimaterde

Wie die Elfriede beim ersten Frühstück aus Versehen einen müden Blick durchs Küchenfenster in ihre sorgfältig gepflegte Vorgartenzwerg-Kolonie geworfen hat, wäre ihr vor Schreck beinahe der Gesundheitskaffee wieder aus dem Gesicht gefallen: Genau an der Stelle, wo die pensionierte Hausbesitzerin so einen kleinen chinesischen Dutzendteich angelegt hatte mit sechs drehwürmigen Goldfischen und malerischen Plastik-Seerosen, ist mitten in der Idylle ein werktätiger Schaufelbagger gestanden und hat neben einer rotweißen Meßlatte ein kreisrundes Loch in die kultivierte Heimaterde der Elfriede gegraben.

Der erste von den sechs Zierkarpfen hat nach einem ersten heftigen Spatenstich schon sein Leben aushauchen müssen und war höchstens noch als marinierter Goldfisch zu verwenden. Wie die bebende Elfriede im Morgenrock vor dem unerwünschten Gärtner gestanden ist und Rechenschaft verlangt hat wegen ihrem geköpften Liebling und dem Loch mitten im Garten, ist der Robert fast schon einen halben Meter unter der Grasnarbe gewesen.

"Maaners", fragte die Zeugin den Herrn Amtsgerichtsrat rein rhetorisch, "der häddmer a vernimbfdiche Andword geem? Dass genau an dera Schdell a Schdrassnladdern hiikummd und dassin nedd ba der Ärwerd aafhaldn soll, hodder gsachd. Und nou hodder weider gschaufld." Die Elfriede ist um den unaufhaltsamen Bohrer herum gerannt, hat ihn als Mörder und Verbrecher beschimpft, aber der Robert ist Schaufel für Schaufel in die Tiefe vorgedrungen, als wenn er bis zur Vesperpause beim Erdmittelpunkt hätte sein müssen.

"Middn in mein Gardn nei a Boonglambn", berichtete die Elfriede der hohen Justiz weiter, "dou häddi ja aa wos derfoo wissn mäin. Des hobbi dem Moo dauernd gsachd und aff amol hobbi a Schaufl vull Dreeg middn im Gsichd drinner ghabd. Des wor reine Absichd, Herr Richder." Beim Zwölfuhrläuten ist der Robert mit seiner Schaufel über der Schulter verschwunden und erst nach einer Stunde wieder erschienen. "Und nou", sagte die Elfriede am Schluß ihrer Ausführungen, "hodder gsachd, dassersi in der Hausnummer deischd hodd und hodd des Luuch widder zougroom."

Zurück blieb ein kreisrunder Erdhügel, der geköpfte Goldfisch und ein sandiger Geschmack im getroffenen Mund von der Elfriede. "Alles", sagte die zornige Frau Hauswirtin, "moumer si doch aa nedd gfalln loun, odder?" Der Herr Rat war auch der Meinung, daß man mit dem Schürfrecht etwas vorsichtiger sein müsse, und verurteilte den unfreundlichen Grabenkrieger zu einer Geldstrafe von hundert Mark. "An ganzn Hunderter", wunderte sich der Robert, "dou hobbi obber nu a Schaufl vull Dreeg goud?"

Mordversuch
im Sportpalast

"Fiir miich", flüsterte die Gunda im Zeugenstand dem Herrn Rat streng vertraulich ins Ohr, "wor des a Mordversuch und i mou mi scho arch wundern, daß der Verbrecher dou nedd amol Handschelln oo hodd". Ihr Leben, erklärte die um ein Haar Verblichene danach wieder in normaler Lautstärke, hätte sie nur ihrer gut ausgebildeten Speckschwartn zu verdanken.

Der Ludwig ist damals an dem milden Kirchweihabend am Stand von der Gunda vorbeigeschwankt, wo man für eine Deutsche Mark drei Wurfpfeile auf Luftballons schmeißen darf und wo man im Glücksfall von drei Treffern die freie Auswahl hat zwischen einer Schwarzwälder Pappdeckeluhr, einem Päckchen antiker Zitronenbonbons oder einem Gummiaffen. "An Affn", lallte der eingeweich-

te Ludwig, "hobbi scho, obber dou amol drei suu Schbig-
ger her. Däi haui nei, daß di Wend waggld."

Angeblich hat der gewichtigen Chefin von dem schwind-
süchtigen Sportpalast da schon nichts Gutes geschwant.
Aber Geschäft ist Geschäft und die Gunda servierte dem
wackligen Ludwig die drei Wurfpfeile. "Aafzuung hodder", erinnerte sich sich, "wäi der Wolfermann ba der
Olimbiade. Ban erschdn Wurf hodder in den Kaddong nei-
droffn, wou di Haubdgewinne drinner gleeng sin. Der
zweide hodd ganz gnabb neber der Lambn in di 'Deggn
eigschloong und bam driddn wors nou su weid."

Nach den Angaben von der Gunda hat der Ludwig sie
von oben bis unten mit mordgierigen Pupillen angeschaut,
sorgfältig gezielt und genau ins Herz getroffen, respektive
in die gewaltige linke Brust von der Standlfrau. Außer einer
kurzen Ohnmacht und dem kleinen Stich knapp unterm
Äquator der wuchtigen Weltkugel sei aber glücklicherweise
nichts passiert. "Obber wenni oomer rum nedd suu banander wär", gab die Gunda zu Protokoll, "häddi hii sei kenner".

Der Ludwig war da ganz anderer Meinung. "Vo weeng
ohnmächdi", wehrte er sich, "wäi i den driddn Bfeil
gschmissn hob, dou hodds ja dauernd rumgsouchd, wou
der hii ganger is. Bisserer iich gsachd hob, dasser an der
Brust droo hängd. Und außerdem kommer derer ihre Abbarade wergli leichd midd an Lufdballong verwechsln - nu
derzou, wemmer suu bsuffn is." Der Herr Amtsgerichtsrat hielt den Volltreffer in den linken Apfel auch nicht für
Absicht und sprach den Wilhelm Tell frei.

"Etzer fehlds blouß nu", pfopferte die angestochene
Gunda, "dassin fiir den leemsgfährlichn Schuß aa nu in
Haubdgewinn iiberreing mou."

Die Nacht der langen Messer

"Zwaa Joohr woori mid derer Bißgurn dou verlobd", erläuterte der Willy sein nicht immer trautes Leben zu zweit mit der Hannelore, "und des sin genau zwaa Joohr zvill gween." Gleich nach der formlosen Einquartierung ins Lotterbett seiner Vorstadt-Xanthippe ist der Willy nämlich zum Zuchtbullen umfunktioniert worden und alle anderen irdischen Feinheiten hat die Hannelore ihrem standhaften Bräutigam ersatzlos gestrichen.

"Raung hobbi nimmer derfn", jammerte der Zwangserotiker dem Herrn Amtsgerichtsrat vor, "schdadd an Seidler Bier zon Essn hodds mehr immer an Abflsafd in di Gurgl neidriggd, daß mei Leber gmaand hodd, es is schon widder Währungsreform, und in mei Werdschafd hobbi aa nimmer derfd. Blouß in ganzn Dooch nu Dingsbums, wissn's scho Herr Richder, Amore, odder wäi i dou soong soll."

Nach einem Jahr hatte der Minne-Dienstmann die Nase gestrichen voll von den ewigen Flitterwochen und ein paar Wochen vor dem abrupten Ende der strapaziösen Liaison war dem Willy zum ersten Mal wieder ein Fluchtversuch in seine nahe Tropfbierhöhle gelungen. "Dou woors suu schäi", gab er zu Protokoll, "dassi glei am andern Dooch mein Kefferla hob baggn wolln."

Da hatte der Willy allerdings die Rechnung ohne seinen hupferten Erzengel daheim gemacht. Wie er am nächsten

Abend zur Hannelore ganz leise Servus hat sagen wollen, ist seiner Herzdame nur ein leichtes Lächeln ausgekommen. "Konnsd scho widder zu deine Freind gäih", hat sie in einem Ton gesagt, wo man aufs Schlimmste gefaßt sein muß, "wennsd wos zon Oozäing hosd."

Der Willy, der frisch gebadet und nur mit einem Handtuch notdürftig verhüllt im Wohnzimmer gestanden ist, hat den tieferen Sinn erst nach einem Blick in den Kleiderschrank verstanden. Seine maßgeschneiderten belgischen Zwölfreiher, der karierte Sandlersakko, die Hosen, die halbseidenen Hemden und die baumwollene Unterwäsche haben nämlich ausgeschaut, als wenn kurz zuvor die Nacht der langen Messer stattgefunden hätte.

"Suwos", sagte der Willy zum hohen Gericht, "homs beschdimmd nunni gseeng. Vo die Huusn worn di Baaner bis zon Zwiggl naaf abgschniidn, die Jaggn hom kanne Ärml mehr ghabd, in die Bullower worn Drummer Löcher drinner und di Underhuusn hom ausgschaud, wäi Budzlumbn."

Unter wilden Drohnungen und leichten Schlägen auf den Hinterkopf hat die Hannelore ihren treulosen Hosenkavalier dann in so einen zerschnittenen Konfirmandenanzug gezwungen und den Willy mit einem Tritt in den Hintern auf Nimmerwiedersehen entlassen. "Ausgschaud hobbi", erinnerte sich der Willy, "wäi in Kaschber Hauser sei klanner Brouder. Und wäi di Bolizei kummer is, homs zerschd beinah miich verhafdn wolln."

Wegen Sachbeschädigung und leichter Körperverletzung wurde die Frau Aufschneiderin zu einer Geldstrafe von 800 Mark verurteilt. "Sei frouh," sagte die Hanne ihrem Ehemaligen nach der Verhandlung im Vorbeigehen, "dassi der nedd wos anders aa nu wechgschniiden hob."

Das Bad in der Gulaschsuppe

Wenn der Heinz ins Wirtshaus wackelt, dann hat er seinen vierbeinigen Freund, der auf den in Hundekreisen seltenen Vornamen Fritz hört, immer im Schlepptau und am Stammtisch darf die langhaarige Randsteinzüchtung auch bei Platzmangel auf einem eigenen Stuhl neben dem Herrchen sitzen. An dem spätsommerlichen Nachmittag, der dem Fritz beinahe das Leben gekostet hätte, war der Stammstuhl schon von einem fremden Gast besetzt. "I hobb zu den Moo nu gsachd", erzählte der Heinz im Zeugenstand, "daß des in Fritzi sei Bladz is und obber vielleichd a weng rudschn mechd. Obber der is hoggn bliim wäi a Zegg."

Der Fritzi reagierte auf die Uneinsichtigkeit des Tischnachbarn erst mit einem verhaltenen Knurren, schickte einen bösen Blick aus seinen trüben Augen auf den Fremden und nahm dann genau gegenüber Platz. Gleich von zwei Seiten feindselig fixiert fühlte sich der Walter an dem Tisch gar nicht mehr so recht wohl, schon gleich gar nicht wie ihm die Bedienung ein paar Minuten später seine bestellte Gulaschsuppe serviert hat. "Däi is nunni richdi am Diisch gschdandn", erinnerte sich der Angeklagte, "dou is des Viich aa scho naafghubfd. Direggd nebern Deller hii und hodd dauernd rumgschnubberd. Und der ander dou hodd immer gsachd, dou braungs ka Angsd hoom, mei Fritzi beißd nedd. Der will blouß a weng schbilln' ".

Angst vor einem Biß von dem eingegangenen Pinscher hatte der Walter auch nicht, dafür aber um seine Gulaschsuppe. "A Drumm vom Weggla", schilderte er seine Leiden, "hodder mer aus der Hend grissn und gfressn und wäi er nou aff amol sei Zunger in Deller neihenger hodd loun, nou hobbi di Noosn vull ghabd."

Blitzschnell packte der Walter den erschrockenen Fritzi am Kragen und drückte ihn bis hoch über die Schlappohren in die gutgewärmte Gulaschsuppe. Mindestens fünf Minuten lang nach den Aussagen von Heinz, was aber der Herr Amtsgerichtsrat nicht so recht glauben wollte, weil das auch ein Hund höchstens mit einem Sauerstoffgerät aushält. Trotzdem hielt der Richter den unfreiwilligen Tauchversuch vom Fritzi für Tierquälerei und verurteilte den Walter zu einer Geldstrafe von 200 Mark. "Koo doch iich nedd wissn", schimpfte der Hunde-Bademeister, "daß des bläide Viich ka Gulaschsubbn mooch."

Die Rakete in der Intimsphäre

So einen zündenden Silvesterabend wie im vergangenen Jahr hatte der Walter noch nie erlebt. Weil der vorstadtbekannte Jungfrauenschreck den Jahreswechsel ohne Belastungen aus den vergangenen zwölf Monaten vollziehen wollte, hatte er seine damalige First Lady kurz vor der bedeutenden Geisterstunde mit einer Flasche Erdbeersekt in seinen Witwentröster-Mercedes gebeten.

"Einzlheidn koo i obber blouß erzilln", forderte der Liegesitz-Schaffner entschieden bei der Verhandlung, "wenn di Effndlichkeid ausgeschlossn werd. Wall des nemli mei Indimspferde bedriffd, odder wäi des hassd." Der Herr Amtsgerichtsrat verwies die Hand voll wißbegieriger Kriminalstudenten des Saales, damit sie nicht sittlich gefährdet werden, und ließ den Walter dann seine Love-Story weitererzählen.

Mitten drin wäre er gewesen, erinnerte sich der Draufgänger, und das Gericht wird schon wissen, wie er das meint, wie auf einmal die leider unversperrt gewesene Autotür aufgerissen worden ist und ein harter Gegenstand direkt unter das arbeitende Paar geflogen ist. "Aff amol", gab der Walter zu Protokoll, "werd's mir vielleichd haaß undern Hindern, es fängd is Zischn oo und ganz hell is im Audo worn, daß mer alles seeng hodd kenner. Also - di Gerda und iich - mir woorn ja naggerd, main S' wissn."

Der unbekannte Gegenstand bestand aus einer gut sortierten Silvester-Packung: einem Schweizer Kracher, zwei Luftheulern, einem bengalischen Sonnenrad und einem Knallfrosch. Der Adolf, der das gelungene Feuerwerk mit einem freundlichen "Prost Neujahr" seinem Freund mitten ins Schäferstündchen geworfen hatte, war von der Wirkung selber verblüfft.

"Mir sin zu fimbfd ums Audo rumgschdandn", berichtete der Sprengmeister auf der Anklagebank, "und hom gmaand, daß etzer a weng a Gaudi gibd. Obber daß glei asuu wild werd, heddi aa nedd dengd. Doochhell is dou drinner worn, a Gwerch wors, wäi wenn alles exblodiern däd. Der Walter hodd middn Seggd immer leschn wolln, und sei Freindi is hindn aff der Hudablooch ghoggd und hoddsi immer duggd, wenn der Luftheuler kummer is."

Der Walter zog am Schluß seiner Ausführungen auch noch einmal Bilanz: "Die Gerda hodd an Schogg fiirs Leem und miich hodd der Schweizer Kracher suu bläid derwischd, dassi heid nu jedn Maadler ausn Weech gäih mouß. Obber langsam werd's scho widder." Wegen des gelungenen Raketenstarts, der nicht in die Stratosphäre, sondern in die Intimsphäre ging, wurde der Adolf zu einer Geldstrafe von 800 Mark verurteilt.

Die gütige Zimmernummer

Mit seinem Künstlernamen heißt der Willi Baron von Nassau. Weil er erstens einen recht fürstlichen Lebensstil pflegt und zweitens fast immer die anderen zahlen läßt. Über Bargeld verfügt der vorstädtische Halbhochstapler nie, aber dafür über gute Ideen, wie man seine Mitmenschen weich und ihre Brieftaschen locker macht.

Im Oktober vergangenen Jahres war seine Durchlaucht wieder einmal stier bis auf den letzten geliehenen Hosenknopf und früh um neun Uhr hungrig, daß man ihn wegen seines starken Magenknurrens leicht ins Raubtierhaus hätte stellen können. "Ner ja", erzählte der Willi dem Herrn Amtsgerichtsrat, "nou binni grood an den Hoddell vorbeikummer und nou hobbi mer gsachd, Willi, hobbi mer gsachd, dou räichds su goud nach frischn Kaffee, dou gäihsd edzer amol nei."

Im Frühstücksraum nahm der Herr Hungerbaron gleich am ersten Tisch Platz, versteckte seine nicht ganz standesgemäßen Turnschuhe mit einem eleganten Rückzieher unterm Stuhl und bestellte sich das Üppigste nach der Art des Hauses.

Ob er sich, wollte der Herr Rat wissen, noch an die einzelnen Delikatessen erinnern kann. "Ner fraali", sagte der Willi, "des vergessi wohrscheins mei ganz Leem nimmer. Also zwaa Eier im Glos, an Hoofn vull Kaffee, a Maul vull Domoodnsafd, an greicherdn Schingn, a Johannisbeerschilee und zwaa Schdiggla Dousd und siem Weggla hobbi nu derzou neidriggd. Und wäi i nou zooln hob wolln, hodd der Kellner blouß gfroochd, wossi fiir a Zimmernummer hob. Ner ja, und nou hobbi hald gsachd zwaahundertzwelf."

Weil entgegen dem Willi seinen Befürchtungen keinerlei Beanstandungen wegen der schnell erfundenen Zimmernummer kamen, saß der Herr Baron am anderen Früh pünktlich um neun wieder in dem freundlichen Schlemmersalon, erklärte dem Herrn Ober schon bedeutend lässiger, daß er ein ähnlich reichliches Frühstück wünsche, wie am Tag zuvor, und gab am Schluß als Zahlungsmittel wieder die gütige Zimmernummer zweihundertzwölf an.

Vier Tage lang frühstückte der Willi wie ein echter Baron, aber am fünften Tag kamen statt der zwei Eier im Glas zwei Herren in Uniform und nahmen den Willi wegen Zechbetruges fest. "Aafkummer", ärgerte sich der Willi auf der Anklagebank, "is däi Woar ner blouß weechern Dringeld. Wall si der Kellner nemli ba sein Scheff beschwerd hodd, daß der Gasd vo zwaahundertzwelf kann aanzing Bfenning gibd. Und nou hodd nern der gsachd, daß is Zimmer zwaahundertzwelf scho seid värza Dooch leer schdäihd."

Im Namen des Volkes wurde er zu einer Nachzahlung von hundert Mark verurteilt. "A Frooch heddi nu", sagte der Willi nach der Verhandlung zum Herrn Staatsanwalt. - "Ja, bitte?" - "Sie kenndn mer nedd gschwind an Hunderder leiher - soong mer bis nexde Wochn?"

Der Falschspieler

Dem Hugo seine ganz große Liebe ist die Blechmusik und wenn der Kärwa-Armstrong mit aufgeblasenen Backen und geschlossenen Augen hinter der Posaune hängt und seine dumpfen Maßkrug-Choräle übt, dann versinkt um ihn rum die Welt. Für die Nachbarn versinkt aber meistens leider nur die verdiente Feierabend-Ruhe, weil der Hugo nämlich trotz jahrelangen Trainings zur Harmonie und zum Notenlesen kein rechtes Verhältnis hat.

"Wenn der zon Beischbiel in Donauwalzer ins Horn driggd", erzählte der Heinrich dem hohen Gericht, "nou maand mer, des is der Griminaldango. Masdns kommer obber ibberhabbs nix erkenner - dou brummds blouß dauernd, wäi wenn der Husdineddnbär vom Fernseeng in Schluggauf hodd." Der Heiner auf der Sündenbank mußte es genau wissen, weil er mit dem hartnäckigen Falschspieler Balkon an Balkon wohnte und an lauen Sommerabenden die Hinterhof-Luft auf seinem Freisitz nur mit Ohrenstöpseln ertragen konnte.

An einem Sonntag im Juni, als der Hugo auch nach Einbruch der Dämmerung immer noch an so einer verkorksten Mondscheinsonate operierte, hatte der geduldige Heiner die Nase und die Ohren gestrichen voll. "Vo mein Balgon bis zu den sein Balgon", erörterte der Angeklagte, "sins hexdns annahalb Meder. Und iich hob grood an Dopf vull haaß Wasser fiir mein Xundheidsdee am Diisch schdäih ghabd."

Und wie der Hugo mit abgeschlaffter Lunge gerade zum letztenmal das dreigestrichene C in den Abend geröhrt hat und die Posaunenöffnung vom Nachbarn seinem gequälten Gehörgang höchstens nur noch zwanzig Zentimeter entfernt war, hat der Heiner unerbittlich zugeschlagen. "Di ganze Kanner vull kocherds Wasser", berichtete der Hugo mit feuchten Augen, "hodder mer in die Bosauner neigschidd, dassi am andern Dooch lauder Brandblousen an der Waffl ghabd hob."

Wegen Körperverletzung muß der Heiner jetzt 150 Mark in die Staatskasse einlegen. "Iich verschdäih den gornedd", sagte der rehabilitierte Balkon-Symphoniker nach dem Urteil, "wou iich doch scho effndli in Werdschafdn gschbilld hob." "Abgschbilld vielleichd", antwortete ihm der Heiner und wackelte aus dem Saal.

Der waschechte Liebermann

Zur bildenden Kunst hat der Albert ein ganz besonderes Verhältnis - nämlich gar keines. Aber wenn der nebenberufliche Krempelhändler Geschäfte wittert, dann kriegt er einen kulturellen Glanz in den Augen und hält Reden, als wenn er der Chef-Einkäufer vom Germanischen National- museum wäre. An jenem aktenkundigen Wirtshausabend hatte ihn sein Tischnachbar, der Leopold, in ein hoch- künstlerisches Gespräch verwickelt, das schon bis zur Pin- selführung von Rembrandt selig gediehen war, und wegen dunkler Andeutungen auf den Privatbesitz eines uralten Meisters ein Freibier nach dem anderen auf seinem öden Bierfilz verbuchen dürfen.

Lang nach Mitternacht waren sich die zwei Geschäftemacher einig und der Albert durfte den sogenannten alten Meister im vergoldeten Gipsrahmen besichtigen. Auf dem Stilleben in Öl war so eine Art Hausmacherstadtwurst zu sehen, zwei Fünftel Bierschinken, ein Stück Brot und ein halbgefüllter Zahnputzbecher. "Des is a waschechder Liebermann", pries der Leopold geheimnisvoll das Brotzeit-Bild, "wenn der des wos sachd. Und handsichnierd is fei aa." Der Albert zögerte keine Sekunde, zahlte freiwillig sechshundert Mark und trug seinen frisch erworbenen Kunstschatz gleich am andern Tag zum Sachverständigen.

"Der hodd a weng middn Fingernoogl rumgradzd", erzählte der Albert als Zeuge dem Herrn Richter, "und nou hodder gsachd, daß scho echd is des Bild, obber nedd arch ald. Im Heechsdfall zwaa Wochn, wall di Farb nu a weng feichd is. Und fimbf Märgla deeder derfiir zooln, wall der Goldrahmer ganz schäi is."

Der Leopold saß wegen Betruges auf der berüchtigten Hartholzbank und war sich überhaupt keiner Schuld bewußt. "Erschdns", begann er sein selbstgemachtes Plädoyer, "hodd der däi seggshunderd Marg freiwillich zoold, waller woorscheins gmaand hodd, dasser miich iiber die Ohrn hauer koo. Und zweidns is des wergli a echder Liebermann, walls iich nemli vuur värza Dooch gmoold hob und dassi Liebermann hass, des is doch ka Verbrechn, odder?"

Vor dem Freispruch im Namen des Volkes wollte der Herr Amtsgerichtsrat aber noch geltend machen, daß der Leopold das gut verkaufte Bild als alten Meister angepriesen hatte und daß da vielleicht schon der Tatbestand des Betrugs erfüllt sein könnte. "Ner und?", fragte der Leopold zurück, "iich bin doch a Schlossermasder - und mid aanerfuchzg Jährla aa nimmer der Jingsde, odder?"

Alles Gute kommt von oben

Unschuldig bis in die frisch gedrehten Haarspitzen saß die Anni vor dem Rechtsgelehrten und verwies so ungefähr im Abstand von zwei Minuten regelmäßig auf ihr reines Herz und daß auch der Herr im Himmel Bescheid weiß. Das kleine Mißgeschick an einem sanften Spätherbstmorgen, das bei der Elfriede einen Stock tiefer Verbrennungen, eine Platzwunde und eine leichte Gehirnerschütterung hinterließ, führte die Anni lediglich auf ihr zerstreutes Hirnkammerl zurück und darauf, daß sie an dem bewußten Vormittag leider ihren Krankenkassen-Feldstecher verlegt hatte und deswegen an einem leichten Schatten ihrer Pupillen litt.

Die Elfriede sah das schmerzhafte Attentat aus dem dritten Stock allerdings unter einem ganz anderen Aspekt. "Dooch fiir Dooch", vermeldete das Opfer im Zeugenstand, "hodd däi ihrn ganzn Dreeg zon Balgon noo gschmissn. Di Zigareddnkibbn, verwelgde Blummer odder a Worschdhaud. Aamol hoods sugoor di Bräih vom Salood noogschidd."

Weil aber der Elfriede ihr Balkon größer war als alle anderen, landeten die Abfälle fast nie im Hinterhof, sondern meistens bei der grimmigen Frau Nachbarin. "I hobsera scho gsachd, wos fiir a Dreegsau is", beendete die Elfriede ihre interessanten Ausführungen, "und daß ba mir drundn desweeng ausschaud, wäi in an Schweineschdall. Obber nou hodds mer blouß zur Andword geem, daß wissn mecherd, wer nou dou di Dreegsau is, und dassi in Zukunfd mid meine Ausdrigg a weng vorsichdicher sei soll; sunsd bassierd wos."

Passiert ist es dann an jenem friedlichen Montag vormittag, wie die Anni oben mit dem Frühstück fertig war und die Elfriede unten mit dem Notizblock in der Hand auf die tägliche Staubkorn-Invasion wartete. "I schau grood naaf und hobb mer halmi in Hals verrengd", erinnerte sich die Elfriede, "dou heeri oomer scho es Dischduch wedln und wos roowärds fläing. Aff amol hobbi anner am Kubf naaf gräichd, gschebberd hodds und gscheid haaß is worn. Und nou binni ohnmächdi worn."

Es stimmt, räumte die Anni ein, daß es sich bei dem Bombenabwurf um ihre Kaffeekanne mit frisch gekochtem Inhalt gehandelt hat und daß es ein Volltreffer genau auf den Hinterkopf war. Es stimmt aber nicht, daß das erfolgreiche Zielschießen absichtlich erfolgt ist. "I hobbs doch scho gsachd", erläuterte die Anni, "dassi fräih immer a weng durchernander bin und dassi mei Brilln nedd aafghabd hob. Und wäi i di Dischdeggn ausschiddln wolld, hobbi gornedd gsehng, daß däi Kaffekanner nu draff gschdandn is und drum hobbis aa mid nooggschiddld. Und wäi i drundn den Schlooch und den Schrei gheerd hob, hobbi mer nu dengd 'Dou werd doch nix bassierd sei'."

Wie der Herr Rat mit dem Lachen fertig war, verurteilte er die kurzsichtige Anni wegen Körperverletzung zu einer Geldstrafe von sechshundert Mark.

Der weibliche Hilfsmotor

Mindestens einmal im Monat gönnt sich der Wilhelm ein kostenpflichtiges Schäferviertelstündchen, weil - wie er es dem hohen Gericht erklärte - im häuslichen Ehebett in der Richtung der Hahn ziemlich zugedreht ist und die Matratzen höchstens noch quietschen, wenn sich die gewichtige Frau Gemahlin auf die andere Seite wälzt und zart durch die Nacht flötet: "Lou mer mei Rouh." Meistens rauschte der Wilhelm nach solchen abschlägigen Bescheiden mit seinem liegesitzigen Randsteinschleifer in die erogenen Zonen der Südstadt, wo man unter den Alleebäumen die Sünde schon von zwanzig Mark aufwärts zur kurzen Spritztour einladen kann.

An dem frostigen Februarabend heuer hieß das Markweiberl, das der Hochdruck-Casanova an den Dutzendteich chauffierte, Hannelore. "Schäi wors nedd", erinnerte sich der Wilhelm, "obber billich". So billig, daß der Wilhelm nach eigenen Angaben für die Grundtaxe zweimal seine Mannbarkeit unter Beweis stellen durfte. Wie er danach die Hannelore tief befriedigt wieder an ihren zwielichtigen Standplatz zurückfahren hat wollen, war der Zündschlüssel weg. Zu Tod erschrocken ist der Wilhelm gewesen, weil er rund ums Auto eine ganze Kompanie Zuhälter vermutete und vom Kidnapping aufwärts alles befürchtete.

"Derer Aldn", gab er zu Protokoll, "hobbi glei die Handdaschn wechgnummer und hobs oogschrien, daß den Zindschlissl herdou soll, sunsd is der Deifl lous." Ob es zur Verstärkung seiner Worte nicht auch zwei bis drei kräftige Watschen gewesen sind, erkundigte sich der Amtsgerichtsrat. "I glaab scho", räumte der Wilhelm ein und erzählte dann auch bereitwillig, wie er aus lauter Angst um sein angeblich bedrohtes Leben mit der Hannelore weiter verfahren ist. Daß er die Handtasche mit dem gesamten Liebeslohn weiter behalten und seiner erstaunten Gespielin befohlen hat, auszusteigen. Das füllige Fräulein Kronzeugin bestätigte die Repressalien.

"Obber es schännsde", erzählte die Hannelore, "kummd ja erschd nu. Ich schdäih also draußn in der finsdern Nachd und aff amol schreid der Zigeiner zon Fensder naus, dassin zams sein Audo aff die Haubdschdrass vuurschäim soll. Und erschd wennin dou vuurgschuum hob, gräichi mei Däschler middn Geld widder, hodder gsachd." Immerhin ging es für die Frau Bauchladnerin um rund dreihundert Mark und so schob sie im Schweiße ihres Angesichts den Wilhelm und seinen Vierzylinder fast einen Kilometer durch die Dutzendteich-Nacht. "Zeha Bfund", schätzte die Auspuff-Lady, "hobbi dou beschdimmd abgnummer. Und schdelln'S Ihna vuur, Herr Diregdor, wäi mer an die erschdn Haiser hiikummer sin, schmeißder mei Däschler ausn Audo naus und in den Momend schbringd aa scho der Modor oo und fodd worer."

In dem Augenblick hatte der Wilhelm den verschwundenen Zündschlüssel nämlich in seinem Hosenstulp wieder gefunden. "Doud mer leid", flüsterte der Wilhelm mit einem scheuen Blick zu seinem weiblichen Hilfsmotor. Dem Herrn Rat tat es auch leid: Wegen Körperverletzung und Nötigung machte es insgesamt zwölfhundert Mark.

"Hans, bist Du's?"

Daß der Ludwig auf der Strafbank vor dem schwarzen Mann saß und einen längeren Kuraufenthalt in Bad Straubing erwartete, war eigentlich nichts Ungewöhnliches, weil der nebenamtliche Direktor von der schiefen Bahn ein ausgesprochener Stammkunde ist bei der Justiz und seine Richter auch meistens per Handschlag begrüßt. Nur die Anklageschrift war dieses Mal außergewöhnlich. Statt geknackter Zigarettenautomaten, aufgebrochener Geldkassetten und gerupfter Hühner stand eine geschändete Ehrenjungfrau auf der Verlustliste, worüber sich der Luwdig selber wundern mußte. "Wenn des a Unzucht wor, Herr Diregder", plädierte der angebliche Gewalt-Erotiker, "nou mäins mi leemslengli eischberrn und alle andern Männer aa glei miid, wall schenner, wäi in derer Nachd, kommers an Weibsbild ibberhabbds nimmer machn."

Jene schwüle Nacht, in der es der Ludwig einer Dame namens Elisabeth angeblich so sanft gemacht hatte, wollte der Hinterhof-Al-Capone eigentlich seinen leicht rückläufigen Etat aufbessern. In einem bescheidenen Neureichen-Palazzo, wo nach einem heißen Tip wertvolle Haustiere vom Nerz aufwärts deponiert waren, war die Balkontür geöffnet und der Fassaden-Bergsteiger hatte den Gipfel schon erreicht.

Auf allen Vieren - im Mund ein Paket voll Nachschlüsseln - krabbelte der Ludwig vorsichtig durch das Schlafzimmer, wo die Elisabeth ziemlich entblößt dem Morgen entgegenschnarchte. "Aff amol", erzählte der Ludwig, "binni ans Nachdkäsdler hiigschdoßn und nou hoddsi däi in ihrn Bedd rumdrehd und hodd gfroochd 'Hans, bist du's?, und wos sollsdn nou machn, nou hobbi hald gsachd, zimmli hochdeitsch, ja, Schatzi, ich bin's."

Das hätte der Ludwig nicht sagen sollen, denn ein paar Sekunden später lag er befehlsgemäß schon auf der erwachten Schnarcherin und erfüllte Pflichten, die ihn eigentlich gar nichts angingen. "Des mäinsersi amol vuurschdelln", jammerte der Ludwig "dou willsd a anschdändigs Brichla machn und dengsd an nix bäis und aff amol liggsd ba anner wildfremdn Frau im Bedd drinner. Wäis mi küssn houd wolln, hobbi in mein Maul nu di Schlissl drinner ghabt - ein Deooder wor der des. Ner ja - und wäi mer nou ferddi worn, driggds am Lichdschalder draff und nou hodds nerdirli gseeng, dassi nedd der Hans bin."

Von der Unzucht an der Elisabeth wurde der sanfte Ludwig freigesprochen, aber wegen versuchten Diebstahls und dem Einbruch verpaßte ihm der Herr Rat lockere neun Monate. "Ganz schäi vill", sagte der Ludwig beim Gang zur grünen Minna, "dou derfiir, dassi bragdisch vergewaldichd worn bin - und zwoor zwaamol hinderanander."

Beim Doktor Blaubart

Was für die Ärzte der Hippokrates, ist für den Otto die heilige Johanna vom Hinterhof und der Sankt Melissengeist. Fast täglich nach Feierabend salbt der Seelen-Sauerbruch seine Laufkundschaft mit altem Schmieröl, legt seinen eingebildeten Kranken welke Kornblumen auf die Schläfen oder gibt ihnen fromme Sprüche gegen Grippe, Pest und Inflation mit auf den Heimweg.

Am berühmtesten ist die kleine Quacksalberei vom Otto aber durch die Massagen geworden. "Obber ned daß maaner", erklärte der Hobby-Doktor auf der Anklagebank, "suu Sauereien, wäi mers immer in der Zeidung liesd. Ba mir hodd alles sei Zuchd und Oddnung." Einmal soll es aber doch Unzucht gewesen sein.

Die Christa, die einen Stock über dem warmherzigen Samariter wohnt, läutete eines düsteren Spätnachmittags am Zauberlabor vom Otto und bat um ein paar Beschwörungsformeln für ihre Blähungen. Die Christa konnte sich noch gut erinnern, daß der Kamillenprofessor den Schluckauf im Dickdarm durch Handauflegen stoppen wollte: "Leech di her, hodder gsachd, und zäich di aus - des wermer glai hoom."

Bis dahin war der Otto mit der Schilderung seiner Methoden einverstanden, aber wie es anfing, schwül zu werden, intervenierte er ganz energisch. "Koo scho sei", wehrte sich der Otto, "daß an den Nachmiddooch a Dreegsau in mein Zimmer gween is, obber iich wor des nedd." Die Christa soll nämlich trotz ihrer gestandenen fünfundfünfzig Jahre eine Unterwäsche getragen haben, wo sogar die Nittribit selig rot geworden wäre.

Zuerst blieb die elektrische Christa dabei, daß der Otto ihr erst den Bauch gestreichelt hat und auf einmal mit der rechten Hand in die Todsünde abgeglitten ist. Schluß mit dem Fingerspitzengefühl war es angeblich erst, wie sie, die züchtige Christa, ganz laut um Hife geschrien hat. Der Otto blieb aber auch dabei: "Erschdns is ausgrechnd dou kummer, wou mei Frau grood zon Eikaafn fodd is, zweidns hodds, wäi scho gsachd, a Underhuusn ooghabd, wous iiberool durchzäichd und driddns hodds dauernd suu arch gschnaufd und gsachd, dassis aa a weng däifer massiern derf."

Weil der Otto den tiefergehenden Sonderwünschen damals nicht nachgekommen war, wertete er die Anzeige der im Stich gelassenen Christa als reinen Racheakt. Nach intensivem Befragen gab es die Nachbarin auch zu, daß es damals ihre Einsamkeit war, und daß es vielleicht schon so stimmen kann, wie es der Otto erzählt hat.

Nach dem Freispruch vom Handaufleger tippte der Christa jemand von hinten auf die Schulter und schob ihr einen kleinen Zettel vor die Nase. "Des is mei Delefonnummer", flüsterte der Kriminalstudent, "wennsd widder amol Blähungen hosd."

Spotthilfe

Gegen den Walter ist der Cassius Clay mit seiner weltberühmten Schwertgoschn ein ausgesprochener Waisenknabe. Kein Berg ist für den Wirtshaus-Parlamentarier so hoch, als daß er ihn nicht schon im einarmigen Handstand dreimal hintereinander bestiegen hätte, es gibt keinen weiblichen Filmstar, der ihm nicht mindestens einen Dankbrief pro Woche schreibt für seine tieferliegenden Fähigkeiten, und Bundeskanzler wäre der Walter auch schon längst, wenn ihn nicht sein permanenter Zeitmangel an der Kandidatur gehindert hätte. "Zwanzg Mool glaabi hommers scho brobierd", berichtete der Hans auf der Anklagebank, "daß mern sei Goschn schdobfn - obber es wor alles ummersunsd."

Auf die Maul- und Klauenseuche hatten die gequälten Stammtischbrüder nicht warten wollen, und da ist ihnen der Einfall von Hans an einem Freitagabend gerade recht gekommen. Der Walter hat an dem Abend in einem Nebensatz gerade locker ins Gespräch geflochten, daß er seinerzeit schon um ein Haar Weltmeister im Bahnfahren geworden wäre und daß er heute noch auf seiner Hartgummi-Hercules Geschwindigkeiten strampelt, wo man ihm eigentlich jede Woche tausend Mark Sporthilfe überweisen müßte. "Aff amool", erinnerte sich der Weltmeister im Waffeln, "kummd der Hanni her und froochd mi scheinheilig, obbi nedd aa Rundn umern Schdock rumfohrn kennd und sie schauer aff die Uhr, wäi lang dassi brauch."

Der Walter ließ sich auf den nächtlichen Härtetest ein, verließ mit einem ausgewählten Schiedsgericht das Wirtshaus und wollte sich gerade elegant aufs Radl schwingen. "Und in den Aungbligg", jammerte der vergewaltigte Radler, "sins über miich herg'falln. Anner hodd mi am Saddl naafghockt und fesdghaldn und der Hanni hodd mi middera Schnur oobundn. Erschd die Händ an Lenger hii, nou di Fäiß an di Bendaler und middn schdergsdn Schdriig homs mi ganz fesd an die Schdanger hii gefessld." - "Gute Fahrt" hat der Hans dem gefesselten Testfahrer noch zugerufen und ihm einen Schubs mit auf den Weg in die Ewigkeit gegeben.

Während am Stammtisch das Freibier für den glänzenden Einfall in Strömen floß, drehte draußen der Walter im Schweiß seiner O-Beine eine Zwangsrunde nach der anderen. "I wolld scho zon nexdn Bollizeirewier foohrn", erzählte er, "obber des hedd mer ja aa nix gnizd. Hexdns wenn zufälli di Diir offn gween wär und iich glei in die Wachschduub'n neifohrn hedd kenner."

Kurz nach Mitternacht scheppterte es an der Wirtshaustür - der Walter war gelandet. Mit einer leichten Gehirnerschütterung, beschädigten Schneidezähnen und eisenharten Wadln meldete er sich im Sturzflug von der Tour der Leiden zurück und bat untertänigst um Befreiung.

Wegen Nötigung und Körperverletzung mußte der Hans für seine gute Idee fünfhundert Mark an die Staatskasse überweisen, die vier Kollegen je zweihundert Mark. "Vielleichd", tröstete der Hans seine Komplicen, "gräing mer des Geld vom Verband widder, wemmer denni unser neie Dräningsmedoodn verrodn."

Im Schein der roten Laterne

Der Hans wohnt am Land draußen und seine angestammte Bierschwemme, in der er sich zweimal die Woche bis zum Rand spirituos auffüllen läßt, liegt mitten in der Stadt. Wegen dieser ungünstigen Konstellation hat der alkoholische Pendler seit einem halben Jahr keinen Führerschein mehr, aber dafür zweimal in der Woche Wasserblasen an der Sohle und Seitenstechen.

"Ummer elfer", erklärte er dem Amtsgerichtsrat, "gäihd nemli der ledzde Bus in unser Kouhdorf naus und der Daxomeder ist suu deier, dou mäißerdi vuurher immer an Kleingredidd aafnehmer. Und desweeng laafi nou masdns dei fuchzeha Kilomeder zer Fouß." Als Ausrüstung gegen Wind, Wetter und Finsternis hatte der Hanni immer einen ledernen Polar-Janker an, die speckige Feierabendmütze und eine alte Wehrmachtstaschenlampe in der Hand, auf der man die Farben Grün, Rot und Gelb einstellen hat können.

Und um diese Westentaschen-Ampel ist es in dem nächtlichen Kriminalfall hauptsächlich gegangen. "In dera Nachd dou", führt der Hans aus, "hobbi a boar Seidla zvill ghabd und nou hobbi mi middn Laafn a weng hadd dou." Weil kein Autofahrer den leicht schwankenden Anhalter am Straßenrand mitnehmen hat wollen, ist dem Hans lang nach Mitternacht eine sehr gute Idee eingefallen. Seinen antiken Scheinwerfer hat er auf Rot gestellt, die Mütze tief über die feuchten Augen gezogen und dann ist er beim nächsten motorisierten Spätheimkehrer wie das Rumpelstilzchen persönlich auf die Straße gesprungen.

Der Kurt im Zeugenstand erinnerte sich mit Schrecken an die Einlage von dem wandelnden Kognakschwenker. "I hobb ner blouß des roude Lichd gseeng", sagt er, "und hobb grood nu aff di Brems driggn kenner. Und nou is der Hirnheiner dou aa scho an der Diir ghängd." Mit der roten Funzel hat der Hans erst den Kurt angeleuchtet und dann die Wagentüre aufgerissen. "Ausschdeing", hat der befohlen, "obber a weng bledzli. Bollizeikondroll - homs wos drungn?"

Wie der Kurt angesichts der roten Laterne folgsam ausgestiegen ist, hat sich der Hanni schwungvoll hinter den Lenker geklemmt und ist kostenlos in Richtung Heimat gefahren. Allerdings nur zehn Kilometer weit, weil ihn dann zwei echte Polizisten mit einer amtlichen Taschenlampe gestoppt und aufs Präsidium gebracht haben.

Wegen Fahrens ohne Führerschein, einer leichten Trunkenheit, Nötigung, Amtsanmaßung und noch ein paar Nebenparagraphen muß der Hans, dem sein Kerbholz auch nicht mehr ganz astrein war, neun Monate auf Kur nach Bad Straubing. "Schdraubing", hat er nach der Bekanntgabe seines Hauptgewinns den Kopf geschüttelt, "des ist ja nu weider wech vo meiner Werdschaffd."

Inhaltsverzeichnis   Band I

Inhaltsverzeichnis   Band II